RAJNEESH
VERLAG

Titel der Originalausgabe:
The New Child

Übersetzung	Swami Tilo, M.A.
	Swami Prem Nirvano
Satz	Ma Deva Pratito
Design	Swami Satyamurti
	Swami Veet Ateet, M.F.A.
Druck	Mohndruck, Gütersloh

Deutsche Erstausgabe 1989
Rajneesh Verlag GmbH

ISBN 3-925205-34-9

DAS NEUE KIND

OSHO RAJNEESH

Osho Rajneesh
ist ein erleuchteter Meister unserer Tage.
Alle vorliegenden Texte sind Auszüge aus
Vorträgen, die spontan an eine Zuhörerschaft
von Tausenden von Suchern aus
der ganzen Welt gerichtet waren.

INHALT

VORWORT

Als ich gebeten wurde, ein Vorwort zu Osho Rajneeshs neuestem Buch zu schreiben, das hier vor mir liegt, dachte ich im ersten Augenblick voller Freude: „Na, nichts leichter als das!" – geht es doch um das Thema „Kind", ein Gebiet, auf dem ich mich immer als Experte gefühlt habe; schließlich habe ich zwei Kinder geboren und Bücher für Kinder verfaßt.

Doch bei der Lektüre des „Neuen Kindes" schnurrte mein selbstverliehenes Spezialistentum mehr und mehr zusammen, als wäre es ein Gebilde aus kostbarer Seide und versehentlich in die Kochwäsche geraten. Das krumpelige Gebilde zerfaserte endgültig in einer Pfütze bitterlich geweinter Kindertränen – meiner eigenen.

Wieder einmal war ich von Osho Rajneesh aus der Fassung gebracht worden. Osho Rajneesh, der umstrittene Mystiker, der Meister mit dem schlechtesten Ruf der Welt, der Schelm, der liebende Wüterich, der unermüdliche spirituelle Rufer in der materialistischen Wüste – wie schafft dieser sanfte spitzbübische Rebell es bloß, die kompliziertesten Sachverhalte und Zusammenhänge so einfach und logisch darzustellen, daß... ja, daß jeder, ausnahmslos jeder (sei er für oder gegen ihn, hätte er noch nie von diesem Mann etwas gehört oder gelesen, sei er seit Jahrzehnten sein Schüler, sein Feind, oder auch nur Skeptiker) sich mit dem Buch in der Hand und mit dem Kopf nickend wiederfindet, eine Seite nach der anderen verschlingend...

Niemand braucht in seinem Intellekt mühsam nach einer Bestätigung für Osho Rajneeshs Thesen zu fahnden. Die tiefe Wahrheit seiner Worte wird für jeden, der sich in die folgenden Kapitel vertieft, offensichtlich.

In seiner unnachahmlich leichten Art führt Osho Rajneesh uns in die Welt der Kinder, in jene Welt, in der wir alle einmal zu Hause waren und die wir fast gänzlich verloren haben. Aber wir können lernen, Kinder zu verstehen.

Und geben damit dem Kind in uns selbst eine neue Chance. Wir können lernen, im ursprünglichen, göttlichen Gesicht des Kindes zu lesen, in dem geschrieben steht: „Hab keine Angst vor der Welt".

Osho Rajneesh will uns keine Tips geben, wie wir Fehler im Umgang mit Kindern vermeiden. Doch er hält uns das Vergrößerungsglas vor die Augen und gibt uns die Möglichkeit, genau hinzusehen, uns erkennen zu lassen, wie wir wohlmeinend unsere Kinder versklaven, wie wir sie nach unserem eigenen, konditionierten Vorbild formen und sie dabei immer weiter von sich selbst entfernen.

Aber zu keiner Zeit läßt uns Osho Rajneesh den bequemen Ausweg, ob dieser traurigen Tatsachen zu verzweifeln. Nicht umsonst ist er berüchtigt für seine unvergleichliche Art, jeglicher Ernsthaftigkeit die Spitze zu brechen, indem er einen Witz einflicht...

Und schon vermischen sich Tränen über erschütternde Einsichten mit Tränen des Lachens, der Erleichterung und des Wissens, daß auch bei uns selbst noch nicht Hopfen und Malz verloren ist. Wir können der Welt, den Kindern und uns selbst nochmal eine Chance geben. Die Chance, die wir alle verdienen.

Elfie Donnelly
Trägerin des Deutschen Jugendbuchpreises

TEIL I

ROBOTER GEHORCHEN, REBELLEN SIND GEFÄHRLICH

KONDITIONIERUNG: ERSATZ FÜR EIGENE INTELLIGENZ

Werden die Dummen geboren oder gemacht?

Das ist eine komplizierte Frage. Fast neunzig Prozent Dumme werden gemacht. Nur zehn Prozent werden geboren. Und diese zehn Prozent werden wegen dieser neunzig Prozent geboren, die gemacht worden sind.

Der Mensch hat von jeher ein sehr sonderbares Leben geführt, sonderbar deshalb, weil er anscheinend Dumme braucht. Wenn es keine Dummen gäbe, gäbe es auch keine sogenannten Weisen. Wenn es keine Dummen gäbe, gäbe es auch keine Genies. Auf die Kategorie der Dummen kann man fast nicht verzichten.

Niemand hat bisher die tieferen Mechanismen untersucht, nach denen die Gesellschaft bis auf den heutigen Tag funktioniert hat. Aber die Art, wie sie funktioniert, ist absolut kriminell zu nennen. Die Gesellschaft braucht Kategorien, Hierarchien. Bis heute ist es eine Wettbewerbsgesellschaft, und Wettbewerb an sich ist für den Menschen gefährlich. Einen Dummkopf nennt man einen Menschen nur im Vergleich – im Vergleich zu jemand, der intelligent erscheint.

Ein kleiner Junge hat mir einmal erzählt... Ich war Gast bei ihm zuhause. Ich saß abends im Garten, und er war das einzige Kind der Familie. Er war höchstens sechs Jahre alt. Als ich ihn fragte: „Wie heißt du?" antwortete er: „Bis jetzt dachte ich immer, ich hieße: ‚Laß das!' Aber seit ich zur Schule gehe, habe ich herausgefunden, daß das nicht mein richtiger Name ist."

Was er sagt, ist sehr wichtig. Sobald ein Kind etwas vorhat, sind sofort die Erwachsenen zur Stelle und sagen: „Laß das!" Kein Kind darf sich so entfalten, wie es seinem Wesen entspricht. Und das ist der eigentliche Grund, warum es so viele Dumme auf der Welt gibt. Aber die Dummen erfüllen einen bestimmten Zweck. Wenn alle Menschen sich so entwickeln dürften, wie es ihrem Wesen entspricht, ohne daß man Vergleiche anstellt, ohne Ideale und ohne aufgezwungene Disziplin, meint ihr, daß auch nur einer auf der ganzen Welt Adolf Hitler als Führer akzeptiert hätte? Schaut euch eure Führer genau an. Die Dummen sind absolut notwendig, damit ein paar Leute ihr Ego ausposaunen können, damit ein paar Leute aufsteigen und Nobelpreisträger werden können. Stellt euch nur mal vor: Wenn alle ihrer eigenen Natur folgten und nicht versuchten, jemand anders zu sein – welch ungeheure Intelligenz in ihnen explodieren würde! Das entspricht dem Grundgesetz des Lebens und der Existenz.

Wie gut, daß die Blumen nicht auf eure Lehrer, eure Führer und eure Politiker hören. Sie würden sonst zu den Rosen sagen: „Was fällt euch eigentlich ein? Werdet gefälligst Lotosblumen!" Aber so dumm sind die Rosen nicht. Und selbst wenn, rein theoretisch, die Rosen versuchen würden, Lotosblumen zu werden, was käme dabei heraus? Es gäbe keine Rosen mehr, weil sie mit aller Gewalt versuchen würden, Lotosblumen zu werden. Und außerdem kann ein Rosenstrauch gar keine Lotosblüten hervorbringen. Es ist nicht im Programm seines Samens enthalten.

Ist euch schon einmal ein Baum begegnet, von dem man sagen könnte, er sei dumm oder er sei sehr intelligent, ein Genie, nobelpreisverdächtig? Man hat den Menschen von sich selbst entfernt. Alle – die Eltern, die Lehrer, die Schule, die Universität, deine Religion, deine Prediger, deine Nachbarn – alle haben sie versucht, jemand anders aus dir zu machen, jemand, der du nicht werden kannst. Du kannst nur du selbst werden – oder aber du wirst es nicht und wirst einfach der Dumme sein.

Für mich ist die ganze Geschichte der Menschheit ein einziges nicht zu rechtfertigendes Verbrechen gegen jedes einzelne Individuum. Es diente den etablierten Interessen, den Leuten an der Macht, den Gelehrten, was auch eine Form von Macht ist, den Reichen, was wieder eine andere Form von Macht ist. Sie wollen gar nicht, daß jeder in sich selbst ruht. Man kann nämlich einen in sich ruhenden Mensch nicht ausbeuten, nicht versklaven, nicht erniedrigen, man kann ihn nicht zwingen, krebsgeschwulstartige Schuldgefühle in sich zu züchten. All das sind die Gründe, warum man die Menschheit an ihrer Entwicklung gehindert hat.

Von Kindheit an wird jeder verurteilt – was er auch sagt, was er auch tut, es ist niemals richtig. Natürlich bekommt er Angst, sich überhaupt zu äußern, etwas aus eigenem Antrieb zu tun. Man schätzt ihn, wenn er gehorcht, man schätzt ihn, wenn er sich an die Regeln und Anweisungen hält, die andere aufstellen. Dann schätzt ihn jeder. Das ist die Strategie: Man verurteilt den Menschen, wenn er versucht, auf seinen eigenen Beinen zu stehen, und man bestärkt ihn, wenn er andere nachahmt. Natürlich bekommt seine Veranlagung, sein Potential dann nie eine Chance sich zu entwickeln.

Das erinnert mich an meine eigene Kindheit. Der Mechanismus ist so uralt, daß niemand ihn auch nur in Frage stellt... Immer wenn ich still dasaß, kam unweigerlich jemand daher – und in Indien gibt es noch große Familien, ganze Sippen; meine Familie bestand aus mindestens fünfzig Leuten – es kam also unweigerlich jemand daher und fragte: „Warum sitzt du denn so still da?" Seltsam, still dasitzen darf ich nicht, aber wenn ich Lärm mache und im Haus herumtobe: „Bist du verrückt geworden? Warum tobst du im Haus herum?" Angesichts dieser Situation beschloß ich, besser gleich den Krieg zu erklären. Denn wenn man erst einmal diesen Leuten ins Netz gegangen ist, dann wird es sehr schwierig, der Meute wieder zu entkommen.

Mein Vater wunderte sich immer. Er sagte: „Nie beantwortest du eine Frage, stattdessen stellst du eine Gegenfrage."

Ich sagte: „Ich weiß jetzt, wie man's macht: Wenn ich still dasitze und du fragst: ‚Warum sitzt du still da?', antworte ich einfach nicht, sondern frage: ‚Warum soll ich nicht still dasitzen?' Jetzt mußt du antworten, denn du bist ein Erwachsener, du hast Erfahrung – ich bin noch ein Kind. Antworte mir also: Warum soll ich nicht still dasitzen?"

Allmählich begriff die ganze Familie: „Von diesem Jungen kannst du keine vernünftige Antwort bekommen. Er dreht die Frage sofort um, und dann bist du in der Klemme." Sie hörten auf, mir Fragen zu stellen.

Es kam so weit, daß ich dasaß und meine Mutter sagte: „Es ist niemand im Haus" – dabei saß ich vor ihrer Nase! „Ich brauche Gemüse, jemand muß Gemüse holen gehen." Ich sagte dann wohl: „Wenn ich jemanden sehe, schicke ich ihn zu dir." Ich galt sozusagen als gar nicht anwesend. Und ich bewies es ihnen – denn wenn man es ihnen nicht beweist, wird es schwierig. Anfangs schickten sie mich oft einkaufen: „Geh auf den Markt. Es ist Mangozeit. Bring ein paar schöne Mangos."

So ging ich denn in den Laden mit den schlechtesten Mangos und sagte: „Gebt mir die schlechtesten Mangos und berechnet die besten."

Selbst die Händler wunderten sich: „Was bist du denn für ein Kunde?"

Ich fragte: „Was für ein Kunde ich bin? Du kennst doch so viele Kunden... Ich bin ein einmaliger Kunde."

Und der Mann gab mir gerne seine verfaulten Mangos zum Preis der besten. Zuhause zeigte ich ihnen die verfaulten Mangos und sagte: „Das waren die besten und die teuersten." Und sie stanken.

Meine Mutter sagte: „Schmeiß sie weg!" Ich sagte: „Warum denn wegschmeißen? Dort sitzt eine Bettlerin, ich kann sie ihr geben." Aber nicht einmal die Bettlerin wollte sie haben. Sie sagte: „Komm bloß nicht zu mir, denn jedesmal, wenn du kommst, bringst du mir faule Sachen. Wirf sie den Hunden hin." Und ich war sehr überrascht, daß sogar die Hunde vor mir Angst hatten. Wenn ich ihnen etwas hinwarf, suchten sie das Weite.

Mit der Zeit stand es fest: „Laßt ihn besser, wie er ist. Eines ist sicher: Aus ihm wird nichts Besonderes im Leben werden."

Sie hatten recht. Ich habe ihre Prophezeihung wahrgemacht. Ich bin nichts Besonderes im Leben.

Aber wer will schon etwas Besonderes sein?

Ich bin ich selbst und das ist genug, mehr als genug.

Jeden Augenblick meines Lebens mußte ich kämpfen, um mich zu schützen. Wenn wir das nicht tun, sind alle sofort darauf aus, uns zu entwurzeln. Du findest kaum Menschen in der Gesellschaft, die dir die Freiheit lassen, du selbst zu sein. Und so sind die Menschen auf der ganzen Welt in ihrer Entwicklung zurückgeblieben.

Der Staat braucht Idioten; wer würde sonst in den Krieg ziehen? Die Welt braucht Idioten; wie könnten sonst einige wenige Leute durch die Arbeit und das Blut anderer immer reicher werden? Diese Zivilisation braucht soviel unintelligente Menschen wie möglich; wer würde sonst Katholik, und wer würde sonst Protestant, wer würde sonst Hindu, und wer würde sonst Mohammedaner?

Die ganze Struktur der Gesellschaft ist nur darauf abgestellt, daß einige wenige Leute Millionen von Menschen ausbeuten. Und den Ausgebeuteten geben sie tröstende Erklärungen: „Das kommt von euren bösen Taten im letzten Leben." Ihr wißt nichts über euer letztes Leben; es ist eine gute Ausrede. „Was kann ich daran ändern?" Oder sie sagen: „Das stellt nur euren Glauben an Gott auf die Probe. Seid zufrieden mit dem, was ihr habt, dann werdet ihr nach dem Tode tausendfach belohnt werden."

Die Religionen nehmen entweder zur Vergangenheit Zuflucht: Jainismus, Buddhismus, Hinduismus, das sind die vergangenheitsorientierten Religionen. Oder sie suchen jenseits vom Tod Zuflucht wie die andern drei Religionen: Christentum, Islam, Judaismus.

Es ist kein großer Unterschied. Alles was geschieht, geschieht hier im Leben. Sie aber verschieben es entweder auf die Zeit vor der Geburt oder auf die Zeit nach dem Tod. Die Strategie ist die gleiche. Sie dient nur dem einen Zweck: daß du den Leuten erlaubst, dich auszubeuten, daß du den Leuten erlaubst, dein Blut zu trinken, tief zufrieden, daß „die Dinge nun einmal so sind".

Ich möchte euch sehr nachdrücklich sagen, daß alle diese Religionen den Mächtigen in die Hände gespielt haben. All eure Priester sind nichts anderes als die Diener eurer Politiker. Die ganze Menschheitsgeschichte war ein Desaster. Und solange wir nicht anfangen, als Individuen zu revoltieren und alle Nationalitäten, alle Religionen und alle Rassen fallen lassen und erklären, daß dieser ganze Erdball uns gehört und alle Trennlinien auf der Landkarte verlogen und falsch sind, solange wir als Individuen nicht hergehen und das ganze Erziehungssystem verändern...

Das Erziehungssystem sollte euch die Kunst zu leben, die Kunst zu lieben lehren. Es sollte euch die Kunst der Meditation lehren und es sollte euch letztendlich die Kunst lehren, einen glücklichen und erfüllten Tod zu sterben.

Euer Erziehungssystem erzieht nicht. Es erzeugt nur Angestellte, Bahnhofsvorsteher, Briefträger, Soldaten – und das nennt ihr dann Erziehung! Man hat euch betrogen. Aber der Betrug findet schon so lange statt, daß ihr es gar nicht mehr merkt. Und noch immer bewegt ihr euch im gleichen alten Trott!

Ich erhebe meine Hand gegen die gesamte Menschheitsgeschichte. Sie ist nicht zivilisiert, sie ist nicht menschlich. Sie hilft den Menschen in keiner Weise aufzublühen, sie hat ihnen keinen Frühling gebracht. Sie ist ein Unglück, ein Verbrechen riesigen Ausmaßes! Aber einer muß dem die Stirn bieten, und einer muß deutlich erklären: „Wir sagen uns los von der Vergangenheit. Und wir werden anfangen, so zu leben, wie es unserer eigenen inneren Natur entspricht, und wir werden unsere eigene Zukunft schaffen. Wir werden nicht der Vergangenheit erlauben, unsere Zukunft zu bestimmen."

Hymie Goldberg kauft sich in einer Boutique in Beverly Hills ein paar schicke italienische Schuhe und läuft damit zuhause herum, um vor Becky anzugeben. Becky scheint die neuen Schuhe überhaupt nicht zu bemerken. So wartet Hymie, bis sie zu Bett gegangen ist und geht dann ins Schlafzimmer – splitternackt bis auf die Schuhe.

Er baut sich vor ihr auf und ruft: „Es wird höchste Zeit, daß du dir anschaust, worauf mein Schwanz zeigt".

Becky sieht die Schuhe und sagt: „Schade, daß du dir keinen Hut gekauft hast."

Ich möchte, daß ihr nur ein Gebet akzeptiert – und das ist Lachen. Denn wenn du aus ganzem Herzen lachst, bist du in der Gegenwart. Du kannst nicht in der Zukunft lachen und auch nicht in der Vergangenheit. All diese Leute, die diese zurückgebliebene Menschheit geschaffen haben, haben euch alle Vitalität, jedes Lachen, jedes Lächeln genommen und euch in den Schmutz der Heuchelei gezogen. Und wenn du unaufrichtig und verlogen bist, wird die Saat niemals in dir aufgehen können, die dieses herrliche, gütige Universum dir mitgegeben hat.

Ein unrasierter, ungewaschener und zerlumpter Landstreicher, fast zahnlos und mit blutunterlaufenen Augen, bittet Paddy um einen Groschen. „Trinkst du, rauchst du oder spielst du?" fragt Paddy zurück.

„Mann, ich rühre keinen Tropfen an, rauche auch kein dreckiges Kraut und laß mich auf kein Glücksspiel ein", antwortet der Penner.

„Okay", sagt Paddy, „wenn du mit mir nach Hause kommst, gebe ich dir eine Mark."

Als sie ins Haus kommen, nimmt Maureen Paddy beiseite und flüstert: „Wie kannst du es wagen, ein so gräßliches Exemplar von Mensch in unser Haus zu bringen?"

„Ich wollte nur, daß du mal siehst, wie ein Mann aussieht, der nicht trinkt, nicht raucht und nicht spielt."

Das Leben sollte keine ernste Angelegenheit sein. Es sollte spielerisch sein – Spaß machen. Und jeder Mensch sollte völlige Freiheit haben, er selbst zu sein. Die einzige Einschränkung sollte sein, daß du nicht in die persönliche Sphäre eines anderen eingreifst – und sei es deine Frau oder dein Mann oder dein Kind. Tiefer Respekt vor dem andern Menschen ist der Kern echter Religiosität. Sei du selbst und laß auch die andern sie selbst sein, dann wird dieses Leben, diese Erde hier und jetzt zum Lotosparadies.

Aber zuerst muß etwas geschehen, und es muß bald geschehen. Denn alle diese Idioten bereiten den globalen Selbstmord vor. Wenn ihr nicht gegen die Vergangenheit und gegen das ganze Erbe der Vergangenheit revoltiert, könnt ihr die Menschheit nicht mehr retten und mit ihr diese herrlichen Bäume, die singenden Vögel – diesen kleinen Planeten, der sich gerade bis zur Schwelle der Bewußtwerdung entwickelt hat.

Die Wissenschaftler vermuten, daß es noch Millionen anderer solcher Planeten in diesem Universum gibt. Aber dafür gibt es nicht den geringsten Beweis. Nur von dieser kleinen Erde weiß man, daß sie dieses Bewußtseinsstadium der Liebe, der Stille, der kosmischen Erfahrung erreicht hat. Diese Erde und die Menschen auf dieser Erde müssen um jeden Preis vor dem Unheil bewahrt werden, das eure Vergangenheit heraufbeschworen hat. Ein völliger Bruch mit der Vergangenheit ist nötig. Alle Geschichtsbücher sollten verbrannt werden. Das ganze Erziehungssystem sollte von spielerischer Leichtigkeit,

Liebe, Freiheit, Bewußtsein und einem tiefen Respekt für alles Lebendige bestimmt sein. Dies ist meine Vision.

Wir haben nicht mehr viel Zeit. Diese Idioten sind seit Tausenden von Jahren zu Gange, und sie haben jetzt den Punkt erreicht, wo sie genug Zerstörungskräfte angesammelt haben, um die ganze Erde siebenmal zu vernichten. Und wenn jetzt nicht einige Menschen den Mut aufbringen, gegen alles Vergangene zu revoltieren... Ich sage nicht, daß ihr wählen sollt – das Gute wählen und das Schlechte weglassen sollt. Beides ist nicht zu trennen, denn beides gehört zusammen. Die Vergangenheit muß einfach gelöscht werden, so als seien wir zum erstenmal auf dieser Erde und als habe es nie eine Geschichte gegeben. Nur so können wir eine Welt der Schönheit erschaffen – voller Liebe, voller Duft, voll tiefem Respekt füreinander. Die Vergangenheit war nur von Haß bestimmt. Die Zukunft kann nur leben, wenn sie von Liebe bestimmt ist. Die Vergangenheit war unbewußt. Die Zukunft kann nur bewußt sein.

Vielen mag dies wie ein unmöglicher Traum erscheinen. Aber vergeßt nicht: Wenn ihr überhaupt etwas seid, dann verdankt ihr das nicht den Politikern, nicht den Priestern. Was ihr seid – wenn ihr noch einen lebendigen Funken in euch habt – das verdankt ihr den Dichtern, den Träumern, den Mystikern.

Wir können entweder mit der Vergangenheit sterben oder wir können mit einer neuen Zukunft wiedergeboren werden. Reinigt euch und werdet wieder Adam und Eva. Seid noch einmal ungehorsam gegen Gott. Nur dann besteht eine Möglichkeit, daß diese Vision Wirklichkeit wird.

Sorgt euch nicht um die ganze Welt. Wenn es uns gelingt, in einer kleinen Minderheit auf der Erde die Idee der Revolte zu wecken, ist das genug. Ein einziges Samenkorn kann die ganze Erde grün machen, und ein einziger Mensch in Revolte kann eine völlig neue Welt, eine völlig neue Menschheit erschaffen.

Ich bin für keine organisierte Revolution, weil jede Organisation grundsätzlich das Individuum zerstört. Ich bin für das Individuum und seine Würde. Nichts steht höher als das Individuum. Wir müssen diesen gewaltigen Quantensprung schaffen – vom organisierten Leben zum individuellen Aufblühen. Er ist möglich. Wenn es für mich möglich ist – denn ich gehöre zu keiner Religion, ich gehöre zu keiner Nation, ich gehöre zu keinerlei Organisation – dann ist es auch für euch möglich. Und wenn dieses Feuer der Individualität sich ausbreitet, kann es zum Steppenbrand werden. Denn tief drinnen leidet jeder einzelne. Er möchte gegen all diese Unterdrückung, all dies Aufgezwungene revoltieren.

Und einen günstigeren Augenblick werdet ihr nicht finden. Dieses Jahrhundert geht dem Ende zu und eines ist sicher: Die alte Welt kann nicht weiterleben. Alle Propheten haben das Ende der Welt für das Jahr 2000 vorausgesagt. Niemand hat ein einziges Wort darüber gesagt, was nach diesem Jahrhundert sein wird.

Ich möchte, daß ihr, meine Leute überall auf der Welt, begreift, daß die alte Welt nicht gleichbedeutend ist mit diesem Planeten. Die alte Welt bedeutet: die alte Struktur der Menschheit. Sie wird sterben. Doch wenn wir einige Menschen retten können, steht ein Neubeginn unmittelbar bevor. Anstatt euch um das Alte zu sorgen, freut euch über das Neue.[1]

DIE POLITIK MIT DEM UNGLÜCK

Hat ein Kind nicht das gleiche Recht auf Privatsphäre und auf Freiheit von elterlicher Konditionierung, wie es die Eltern für sich selbst beanspruchen?

Dies ist eines der grundlegendsten Probleme, denen die Menschheit sich heute gegenübersieht. Von seiner Lösung hängt unsere Zukunft ab. Wir haben uns mit dieser Frage bisher noch nie auseinandergesetzt. Zum erstenmal wird der Mensch mündig, hat er eine gewisse Reife erlangt, und wenn man reif wird, stellen sich neue Probleme.

Mit fortschreitender Entwicklung hat der Mensch allmählich viele Arten von Sklaverei erkannt. Erst vor kurzem ist man sich im Westen bewußt geworden, daß die schlimmste Art der Versklavung die des Kindes ist. Daran hatte man noch nie gedacht, in keiner Schrift der Welt ist die Rede davon. Das Kind, ein Sklave – wer hätte je daran gedacht? Der Sklave seiner eigenen Eltern, die es lieben, die sich für ihr Kind aufopfern? Es wäre lächerlich erschienen, völlig unsinnig. Aber heutzutage, wo die Psychologie tiefere Einsichten in die menschliche Psyche und ihre Funktionen gewonnen hat, steht mit Sicherheit fest, daß das Kind von allen am meisten ausgebeutet wird. Niemand ist jemals mehr ausgebeutet worden als das Kind. Und natürlich findet die Ausbeutung hinter einer Fassade von Liebe statt.

Ich behaupte nicht, daß den Eltern bewußt ist, daß sie das Kind ausbeuten, daß sie das Kind versklaven, daß sie das Kind zerstören, es dumm und unintelligent machen – wie unmenschlich dieses ganze Bemühen ist, ein Kind zum Hinduisten, zum Mohammedaner, zum Christen, zum Jaina oder Buddhisten zu konditionieren. Sie sind sich dessen nicht bewußt. Aber das ändert nichts an den Tatsachen.

Das Kind wird von den Eltern auf häßliche Art und Weise konditioniert, und natürlich ist das Kind hilflos. Es ist von den Eltern abhängig. Es kann nicht rebellieren, es kann nicht entkommen, es kann sich nicht schützen. Das Kind ist ganz und gar verletzlich, deshalb ist es so leicht auszubeuten.

Die Konditionierung der Kinder durch die Eltern ist die größte Sklaverei der Welt. Man muß sie von der Wurzel her beseitigen. Nur dann kann der Mensch zum erstenmal wirklich frei, wahrhaft frei, authentisch frei sein. Denn das Kind ist der Vater des Menschen. Wenn das Kind falsch erzogen wird, geht die ganze Menschheit in die falsche Richtung. Das Kind ist die Saat. Wenn schon die Saat von wohlmeinenden Leuten, von Leuten mit bester Absicht vergiftet und verdorben wird, dann besteht keine Hoffnung mehr auf ein freies menschliches Individuum. Dann wird dieser Traum niemals Wirklichkeit.

Ihr denkt, ihr habt Individualität, aber in Wirklichkeit

ist es nur Persönlichkeit. Sie wird in euch, in eurem Wesen, herangezüchtet, und zwar von euren Eltern, der Gesellschaft, den Priestern, den Politikern, den Pädagogen. Vom Kindergarten bis zur Universität vertritt der Pädagoge die Interessen der etablierten Macht, steht er im Dienst der Gesellschaft. Sein einziges Ziel ist, jedes Kind so zu zerstören, jedes Kind so zu verkrüppeln, daß es schließlich der bestehenden Gesellschaft angepaßt ist.

Und all das geschieht aus Angst – der Angst, daß ein Kind, das von Anfang an unbeeinflußt bleibt, so intelligent, so aufmerksam und helle ist, daß sein ganzer Lebensstil rebellisch wird. Aber Rebellen sind nicht erwünscht. Erwünscht sind nur die Gehorsamen.

Eltern lieben gehorsame Kinder. Und vergeßt nicht: Die gehorsamen Kinder sind fast immer die dümmsten Kinder. Ein rebellisches Kind ist intelligent, aber es wird nicht respektiert oder geliebt. Die Lehrer lieben es nicht, die Gesellschaft zollt ihm keinen Respekt. Es wird verurteilt. Also muß das Kind entweder einen Kompromiß mit der Gesellschaft schließen oder es muß mit Schuldgefühlen leben. Denn das Kind spürt natürlich, daß es nicht gut zu seinen Eltern ist, daß es sie nicht glücklich macht.

Und seid euch darüber im klaren: Die Eltern von Jesus waren nicht mit Jesus zufrieden und die Eltern von Buddha waren nicht mit Gautam Buddha zufrieden. Diese Menschen waren so intelligent, so rebellisch – wie hätten ihre Eltern mit ihnen zufrieden sein können?

Alle Kinder werden mit so großen Fähigkeiten und Möglichkeiten geboren, und wenn wir ihnen helfen und erlauben, ihre Individualität ungehindert zu entfalten, werden wir in einer herrlichen Welt leben – mit vielen Menschen wie Buddha, Sokrates und Jesus, mit allen möglichen Genies. Genies sind nicht deshalb so rar, weil so selten ein Genie geboren wird. Nein, geniale Menschen sind so rar, weil man nur schwer dem Konditionierungsprozeß der Gesellschaft entrinnen kann. Nur hin und wieder gelingt es einem Kind, irgendwie ihren Klauen zu entkommen.

Jedes Kind wird eingewickelt – von den Eltern, von der Gesellschaft, von Lehrern, von Priestern, von allen Interessengruppen der Gesellschaft. Es wird eingewickelt in viele Schichten von Konditionierung. Man gibt ihm eine bestimmte religiöse Ideologie, man zwingt es, Jude oder Christ, Hindu oder Mohammedaner zu werden. Es ist nicht seine eigene Wahl. Und wer gezwungen wird und keine freie Wahl hat, der wird zum Krüppel gemacht, dessen Intelligenz wird zerstört. Man gibt ihm keine Chance, selbst zu entscheiden, man erlaubt ihm nicht, seine Intelligenz zu gebrauchen. Man richtet es so ein, daß er sich rein mechanisch verhält. Er wird ein Christ, aber nicht aus eigener Entscheidung. Und was heißt das schon, Christ zu sein, wenn es nicht deine eigene Wahl ist?

Die wenigen Menschen, die Jesus gefolgt sind, die mit ihm gingen, waren mutige Menschen. Sie waren die einzigen Christen. Sie setzten ihr Leben aufs Spiel, sie schwammen gegen den Strom. Sie lebten gefährlich, sie waren bereit zu sterben, aber sie waren nicht bereit, Kompromisse einzugehen.

Die wenigen Menschen, die Gautam Buddha folgten, waren wirkliche Buddhisten. Aber jetzt gibt es Millionen von Christen und Buddhisten auf der Welt, und sie alle sind Schwindler, sind pseudo. Sie müssen zwangsläufig pseudo sein, es wird ihnen aufgezwungen. Erst wickelt man sie in eine religiöse Ideologie ein, dann wickelt man sie in eine politische Ideologie ein, redet ihnen ein, sie seien Inder, sie seien Chinesen, sie seien Deutsche – sie bekommen eine bestimmte Nationalität übergestülpt. Dabei ist die Menschheit eins, ist die Erde eins. Aber die Politiker wollen gar nicht, daß sie eins ist. Denn wenn die Erde eins ist, müssen alle Politiker mitsamt ihrer Politik verschwinden. Und wohin dann mit all diesen Präsidenten und Premierministern? Es kann sie nur geben, solange die Welt geteilt bleibt.

Es gibt nur eine Religion. Aber was würde dann aus dem Pollackenpapst, aus all den dummen Shankaracharyas, aus dem Ayatollah Khomaniker? Was soll aus all diesen Leuten werden? Es kann sie nur geben, solange es viele Religionen, viele Kirchen, viele Kulte, viele Glaubensrichtungen gibt.

Es gibt 300 Religionen auf der Welt und mindestens 3000 Sekten in diesen Religionen. Das schafft natürlich Lebensstellungen für viele Priester, Bischöfe, Erzbischöfe, Hohepriester und Shankaracharyas. Diese Positionen würden alle verschwinden.

Und ich sage euch: Es gibt nur *eine* Religiosität. Sie hat nichts mit der Bibel, den Veden oder der Gita zu tun. Sie hat etwas mit einem liebevollen Herzen zu tun, mit einem intelligenten Wesen. Sie hat etwas mit Bewußtheit und meditativer Lebensweise zu tun. Aber das würde auf Kosten aller etablierten Machtgruppen gehen.

Also zwingen Eltern, die einem bestimmten Establishment angehören, einer bestimmten Nationalität, einer bestimmten Kirche oder Konfession, zwangsläufig ihren Kindern ihre Ansichten auf. Und merkwürdigerweise sind die Kinder immer intelligenter als die Eltern, denn die Eltern gehören der Vergangenheit an, die Kinder aber der Zukunft. Die Eltern sind bereits konditioniert, eingewickelt, zugedeckt. Ihr Spiegel ist so mit Staub bedeckt, daß sie nichts reflektieren können. Sie sind blind.

Nur ein Blinder kann ein Hindu, ein Mohammedaner,

ein Jaina oder ein Christ sein. Ein Mensch, der Augen hat, ist einfach religiös. Er geht nicht in die Kirche, in den Tempel oder in die Moschee; er betet nicht lauter dumme Standbilder an, all diese Götter, all diese Götzen! Eltern schleppen das alles mit sich herum. Ein neugeborenes Kind ist ein unbeschriebenes Blatt, eine Tabula rasa, nichts steht darauf geschrieben. Das ist seine Schönheit: der Spiegel ist ohne jeden Staub. Es kann viel klarer sehen.

Mutter: „Jimmy, bist du etwa mit den neuen Hosen hingefallen?"

Jimmy: „Ja, Mami, und es ging so schnell, ich konnte sie nicht mehr ausziehen."

Die Lehrerin im ersten Schuljahr erzählt ihrer Klasse von der Natur und von „der Welt, in der wir leben". Sie fragt die kleine Helen aus der ersten Reihe: „So, Helen, jetzt sag mal den andern in der Klasse, woher du bist – Pflanzenreich, Tierreich oder Mineralreich?"

„Keins davon, ich bin ein echtes und lebendiges Mädchen."

Ein kleiner Junge, der auf einem Landungssteg angelt, fällt kopfüber in den See, als er einen Fisch an Land ziehen will. Einige Männer, die in der Nähe angeln, eilen herbei und fischen ihn aus dem Wasser.

„Wie bist du dazu gekommen, ins Wasser zu fallen?" fragt einer der Männer.

„Ich bin nicht dazu gekommen, ins Wasser zu fallen", sagt der Kleine, „ich bin zum Angeln gekommen!"

Eine große Familie fand endlich ein geräumigeres Haus. Nach einiger Zeit fragte der Onkel seinen Neffen:

„Wie gefällt dir denn euer neues Haus?"

„Prima", antwortete der Junge, „mein Bruder und ich haben ein eigenes Zimmer und unsere Schwestern auch. Bloß Mutti, die Ärmste, hockt immer noch im selben Zimmer wie Pappi."

Jedes Kind kommt intelligent, klar und sauber zur Welt. Aber dann überhäufen wir es mit Müll.

Es hat viel mehr Rechte als die Eltern, weil es sein Leben gerade erst beginnt. Die Eltern sind schon niedergebeugt, sie sind schon verkrüppelt, sie sind schon auf Krücken angewiesen. Das Kind hat mehr Recht darauf, es selbst zu sein. Es braucht seine Privatsphäre, aber die Eltern erlauben ihm nicht, für sich zu sein. Sie haben große Angst vor der Privatheit des Kindes. Sie stecken dauernd ihre Nase in seine Angelegenheiten. Sie wollen in allem das Sagen haben.

Das Kind braucht Privatheit, denn alles Schöne gedeiht nur so. Alles Schöne gedeiht nur im Privaten. Denkt daran: das ist eines der Grundgesetze des Lebens. Die Wurzeln wachsen unter der Erde. Wenn man sie aus der Erde herauszieht, sterben sie ab. Sie brauchen Abgeschiedenheit, völlige Abgeschiedenheit. Im Mutterleib wächst das Kind im Dunkeln heran, in Abgeschiedenheit. Würde man das Kind ans Licht bringen, in die Außenwelt, dann würde es sterben. Es braucht neun Monate lang völlige Abgeschiedenheit. Alles, was wachsen will, braucht diese Abgeschiedenheit. Ein erwachsener Mensch braucht nicht so viel Abgeschiedenheit, eben weil er schon erwachsen ist. Ein Kind braucht viel mehr Privatheit. Aber man läßt es einfach nicht allein.

Die Eltern sind sehr beunruhigt, wenn sie merken, daß das Kind weg ist oder allein ist. Sie machen sich sofort Gedanken. Sie befürchten, wenn das Kind sich selbst überlassen ist, wird es seine eigene Individualität entwickeln. Es muß ständig im Zaum gehalten werden, damit die Eltern es jederzeit beobachten können; denn schon durch ihr Beobachten wird seine Individualität an der Entwicklung gehindert. Es wird überwältigt von ihrem ständigen Aufpassen, es wird in eine Persönlichkeit eingehüllt.

Persönlichkeit ist nichts anderes als eine Hülle. Das Wort hat einen schönen Ursprung: „persona". Das bedeutet Maske. Im griechischen Drama trugen die Schauspieler Masken. „Sona" heißt Klang, „per" heißt durch. Sie sprachen durch Masken, man konnte ihre wirklichen Gesichter nicht sehen, nur ihre Stimmen hören. Die Maske wurde daher „persona" genannt, weil die Stimmen durch sie hindurch klangen. Und von dieser „persona" stammt das Wort Persönlichkeit.

Das Kind muß ständig auf der Hut sein, weil es überwacht wird. Du kennst das: wenn du ein Bad nimmst, bist du ein völlig anderer Mensch – im Badezimmer kannst du deine Maske ablegen. Sogar sehr ernsthafte Erwachsene fangen an zu singen und zu summen. Sogar Erwachsene schneiden Grimassen im Spiegel. Du bist für dich, du weißt genau, die Tür ist abgeschlossen. Aber wenn du plötzlich merkst, daß dich jemand durchs Schlüsselloch beobachtet, wirst du sofort anders. Du wirst wieder ernst, das Singen vergeht dir, du schneidest keine Grimassen mehr. Du benimmst dich wieder so, wie es sich gehört. Das ist die Persönlichkeit – du schlüpfst wieder in deine Hülle.

Das Kind braucht ungeheuer viel Privatsphäre, soviel wie möglich, ein Höchstmaß an Privatheit, damit es seine Individualität ungestört entfalten kann. Wir aber dringen in die Intimsphäre des Kindes ein, übertreten ständig die Grenzen.

Die Eltern fragen immerzu: „Was machst du? Was denkst du?" Sogar deine Gedanken! Sogar in deinen Kopf müssen sie hineinschauen.

Im fernen Osten gibt es Völkerstämme, wo das Kind jeden Morgen den Eltern seine Träume erzählen muß. Selbst mit seinen Träumen darf man es nicht alleinlassen. Womöglich träumt es die falschen Träume, womöglich denkt es Dinge, die es nicht denken soll. Man muß den Eltern über alles Bescheid geben.

Am frühen Morgen, vor dem Frühstück – so will es das Ritual – muß es seine Träume erzählen, alles, was es in der Nacht gesehen hat.

Im Westen hat sich die Psychoanalyse sehr spät entwickelt. Aber im Osten, in diesen fernöstlichen Stämmen, wird die Psychoanalyse schon seit Jahrtausenden von den Eltern angewandt. Und natürlich kennt das arme Kind die symbolischen Bedeutungen nicht. Und so erzählt es den Traum einfach so, wie er war. Es weiß nicht, was er bedeutet; das wissen nur die Eltern. Aber so etwas geht zu weit. Das ist ein Übergriff auf das Kind, es ist unmenschlich, es ist ein Eingriff in den Raum eines andern.

Glaubt ihr, nur weil das Kind in Bezug auf Nahrung, Kleidung und Wohnung von euch abhängig ist, hättet ihr das Recht dazu? Wenn das Kind erzählt, es hätte sich im Traum fliegen sehen, wissen die Eltern sofort, daß es ein sexueller Traum war. Jetzt werden sie es mehr an die Kandare nehmen, sie werden es noch mehr disziplinieren. Es muß am frühen Morgen eine kalte Dusche nehmen. Sie werden ihm Vorträge über Keuschheit halten und sagen: „Wenn du nicht keusch bist, wird etwas Schlimmes mit dir passieren. Wenn du an Sexualität denkst, wirst du dumm und blind" – und dergleichen Unsinn.

Ein Kind braucht ungeheuer viel Privatsphäre. Die

Eltern sollten nur da sein, um ihm zu helfen, nicht um sich einzumischen. Es sollte selbst entscheiden, was es tun und lassen will. Die Eltern sollten nur darauf achten, daß es sich selbst oder anderen keinen Schaden zufügt, das reicht. Alles, was darüber hinausgeht, ist häßlich.

Ein Tourist kommt in eine Kleinstadt und spricht einen Jungen an, der auf einer Bank vor dem Postamt sitzt.

„Wie lange lebst du schon hier ?" fragt der Tourist.

„Ungefähr 12 Jahre", antwortet der Junge.

„Das ist ja ein ganz schön abgelegener Ort hier", sagt der Tourist.

„Das kann man wohl sagen", meint der Junge.

„Ist ja überhaupt nichts los hier", sagt der Tourist. „Ich sehe nicht, daß es hier viel für dich zu tun gibt."

„Ich auch nicht", sagt der Junge, „drum gefällt's mir hier."

Kinder mögen es sehr, wenn man sie in Ruhe läßt. Ihr Wachstum braucht Raum. Gewiß, die Eltern müssen wachsam und umsichtig sein, damit ihrem Kind nichts passiert. Doch das ist eine passive Art von Vorsicht, sie dürfen nicht aktiv eingreifen. Sie sollen dem Kind ein großes Verlangen mitgeben, nach der Wahrheit zu suchen, aber sie dürfen ihm keine Ideologie mitgeben, die ihm sagt, was Wahrheit ist. Sie dürfen es nicht über die Wahrheit belehren, sondern sollen ihm beibringen, wie es die Wahrheit suchen kann. Kinder sollten zum Forschen, zur Suche, zum Abenteuer erzogen werden.

Man sollte den Kindern helfen, die richtigen Fragen zu stellen, und die Eltern sollten diese Fragen nur dann beantworten, wenn sie wirklich Bescheid wissen. Und selbst dann sollten sie so antworten wie Gautam Buddha seinen Schülern zu antworten pflegte: „Glaubt nicht an das, was ich sage. Es ist zwar meine Erfahrung, aber sobald ich zu euch darüber spreche, wird sie unwahr, denn für euch ist es keine eigene Erfahrung. Hört mir zu, aber glaubt es nicht einfach. Experimentiert, stellt Nachforschungen an, sucht. Solange euer Wissen nicht aus eigener Erfahrung stammt, ist es nutzlos, ist es gefährlich. Geborgtes Wissen ist ein Hindernis."

Aber genau das tun die Eltern ständig: Sie konditionieren das Kind auf Schritt und Tritt.

Kinder brauchen keine Konditionierung. Man braucht ihnen keine Richtung zu weisen. Man muß ihnen helfen, sie selbst zu sein, man muß sie unterstützen, nähren und stärken. Ein wirklicher Vater, eine wirkliche Mutter, wirkliche Eltern sind ein Segen für ihr Kind. Das Kind wird fühlen, daß sie ihm helfen, mehr in seiner Natur verwurzelt zu sein, mehr in sich zu ruhen, sein eigenes Zentrum zu finden, damit es sich selbst lieben kann, sich selbst achten kann, anstatt sich schuldig zu fühlen.

Denkt daran: Wer sich selbst nicht liebt, kann auch niemand anders lieben. Wenn ein Kind sich selbst nicht achtet, wird es auch niemand anders achten. Deshalb ist all eure Liebe Firlefanz und all eure Achtung pseudo. Du achtest dich selber nicht, wie kannst du da andere achten? Solange noch nicht die Liebe zu dir selbst in deinem Innern geboren ist, kann sie auch nicht auf andere überstrahlen. Zuerst mußt du dir selbst zu einem Licht werden, danach wird dein Licht sich ausbreiten, wird es andere erreichen.

Es ist Prüfungstag in der Schule, und der schlechtgelaunte Lehrer fragt einen kleinen Jungen nach seinen Kenntnissen über Pflanzen und Blumen aus. Der Junge kann keine einzige Frage richtig beantworten. Frustriert wendet sich der Lehrer zu seinem Referendar und ruft: „Geh und bring mir eine Handvoll Heu!"

Als der Referendar an der Tür ist, ruft der kleine Junge: „Und für mich eine Tasse Kaffee bitte!"

Ein Pole fährt eine Landstraße entlang, als sein Auto plötzlich kaputtgeht. Während er es repariert, kommt ein kleiner Junge daher und fragt: „Was ist das?"

„Ein Wagenheber", sagt der Pole.

„Mein Vater hat zwei davon", sagt der Junge.

Eine Minute später fragt er wieder: „Und was ist das?"

„Eine Taschenlampe."

„Oh, davon hat mein Vater auch zwei. Und das da drüben? Ist das ein Schraubenschlüssel?"

„Ja", antwortet der Mann gereizt.

„Mein Vater hat zwei von denen."

So geht die Unterhaltung noch eine Zeitlang weiter. Schließlich ist die Reparatur beendet, der Pole steht auf und geht an den Straßenrand zum Pinkeln. Beim Pinkeln zeigt er auf seine Fortpflanzungsmaschinerie: „Hat dein Vater davon auch zwei?"

„Natürlich nicht", sagt der Junge. „Aber seiner ist zweimal so lang!"

Kinder sind ungemein intelligent, man muß ihnen nur die Gelegenheit dazu geben. Sie brauchen Gelegenheiten zu wachsen, brauchen das geeignete Klima. Jedes Kind wird mit dem Potential zur Erleuchtung, zum Erwachen geboren. Aber wir zerstören diese Anlage. Das ist die größte Katastrophe der ganzen Menschheitsgeschichte. Keine andere Versklavung hat so verheerende Folgen gehabt, wie die Sklaverei des Kindes. Und keine andere Sklaverei hat der Menschheit so viel Saft genommen. Und die schwierigste Aufgabe für die

Menschheit besteht darin, diese Versklavung abzuschaffen.

Nur wenn wir die ganze Gesellschaft völlig neu ordnen, nur wenn eine radikale Veränderung stattfindet und die Familie verschwindet und der Kommune Platz macht, wird uns dies gelingen.

Wenn erst einmal das alte Familienmuster verschwindet und durch eine mehr multidimensionale Struktur ersetzt wird, kann die Menschheit neu geboren werden. Wir brauchen einen neuen Menschen, und dieser neue Mensch wird genau das Paradies bringen, das wir uns bis jetzt immer von einem zukünftigen Leben erhofften. Das Paradies kann hier und jetzt sein, aber zuerst müssen wir ein neues Kind zuwege bringen.[2]

WIE SCHULD GESCHULT WIRD

Warum sind Eltern so grausam zu ihren Kindern? Hat es Sinn, sie dafür verantwortlich zu machen? Und wie kann man vermeiden, die gleichen Fehler zu begehen?

Eltern sind grausam zu ihren Kindern, weil sie sich gewisse Dinge von ihren Kindern versprechen. Eltern haben gewisse Ambitionen, die sie sich durch ihre Kinder erfüllen wollen, darum sind sie grausam. Sie wollen die Kinder benutzen.

Und wenn du jemanden benutzen willst, bist du zwangsläufig grausam! Schon in der Idee, jemanden als Mittel zu benutzen, ist Grausamkeit enthalten, ist der Gewalt Tür und Tor geöffnet.

Benutze niemals einen anderen Menschen als Mittel zum Zweck, denn jeder Mensch ist ein Selbstzweck.

Eltern sind grausam, weil sie bestimmte Vorstellungen haben: Sie wollen, daß ihre Kinder dies oder das werden. Sie wollen gerne reiche, berühmte, angesehene Kinder haben. Ihre Kinder sollen ihre unerfüllten Egos befriedigen. Ihre Kinder sollen an ihrer Stelle auf die Reise gehen.

Der Vater wäre gerne ein reicher Mann geworden, aber er hat es nicht geschafft. Jetzt naht der Tod, und früher oder später ist sein Leben vorbei. Er ist frustriert, denn er hat sein Ziel nicht erreicht. Er ist noch auf der Suche, und nun kommt schon der Tod – das kommt ihm ungerecht vor. Er möchte, daß sein Sohn die Arbeit fortsetzt, denn der Sohn ist sein Stellvertreter. Er ist sein eigenes Blut, er ist sein Wunschbild, ein Stück von ihm; er ist seine Unsterblichkeit. Und wer weiß, ob es eine Seele gibt? Niemand ist da sicher. Die Leute glauben zwar daran, aber Glaube beruht auf Angst, und tief drinnen bleibt der Zweifel.

Jeder Glaube trägt den Zweifel in sich. Ohne Zweifel kann es keinen Glauben geben. Um den Zweifel zu unterdrücken, erfinden wir den Glauben. Aber der Zweifel nagt in deinem Herzen weiter wie ein Wurm in einem Apfel. Er frißt in dir weiter und zersetzt dich innerlich. Was weiß man schon von Gott und was weiß man schon von der Seele? Vielleicht gibt es sie gar nicht.

Die einzige Unsterblichkeit, die der Mensch kennt, ist das Weiterleben in den Kindern – das ist greifbar. Der Vater weiß: „In meinem Sohn werde ich weiterleben. Ich selber werde sterben, man wird mich bald begraben, aber mein Sohn wird hier sein. Und meine Wünsche haben sich nicht erfüllt." Diese Wünsche pflanzt er, diese Wünsche zwingt er in das Bewußtsein seines Sohnes: „Du mußt sie mir erfüllen. Wenn du sie erfüllst, machst du mich glücklich. Erfüllst du sie, dann hast du deine Schuldigkeit deinem Vater gegenüber getan. Erfüllst du sie nicht, dann hast du mich verraten."

Hier beginnt die Grausamkeit. Von jetzt an formt der Vater das Kind nach seinen Wünschen. Er vergißt, daß das Kind eine eigene Seele hat, daß es seine eigene Individualität hat, daß es sein eigenes inneres Potential zu entfalten hat. Der Vater bürdet ihm seine Vorstellungen auf. So beginnt er, das Kind zu zerstören.

Und er glaubt, es sei Liebe. Er liebt nur seinen Ehrgeiz. Den Sohn liebt er auch, denn er dient seinem Zweck; er wird zum Werkzeug. Genau das ist Grausamkeit.

Du fragst mich: Warum sind Eltern so grausam zu ihren Kindern?

Sie können nicht anders, denn sie haben Vorstellungen, ehrgeizige Pläne, Sehnsüchte – alle unerfüllt. Sie möchten sie erfüllt sehen, sie wollen durch ihre Kinder weiterleben. Also stutzen sie die Kinder zurecht, beschneiden sie, formen sie, zwingen sie in eine Schablone. Und die Kinder werden zerstört.

Diese Art Zerstörung ist unvermeidlich; es sei denn, auf der Erde entsteht ein neuer Mensch, der um der Liebe willen liebt; es sei denn, eine neue Art von Eltern entsteht: Ihr liebt das Kind aus reiner Freude, ihr liebt das Kind als ein Geschenk von Gott. Ihr liebt es, weil Gott euch damit gesegnet hat. Ihr liebt das Kind, weil es Leben ist, ein Gast aus dem Unbekannten, der sich in eurem Haus, in eurem Inneren eingerichtet hat, der euch zum Nest erwählt hat. Ihr seid dankbar und liebt das Kind. Wenn ihr das Kind wirklich liebt, werdet ihr ihm nicht eure eigenen Vorstellungen mitgeben.

Liebe vermittelt keine festen Vorstellungen, keine Ideologie.

Liebe gibt Freiheit.

Ihr werdet das Kind nicht in Schablonen zwängen.

Wenn dein Kind Musiker werden will, wirst du nicht versuchen, es davon abzubringen. Auch wenn du genau weißt, daß Musiker kein vielversprechender Beruf ist, daß dein Kind arm sein wird, daß aus ihm niemals ein reicher

Mann werden wird, niemals ein Henry Ford. Oder das Kind will Dichter werden, und dir ist klar, damit wird es zum Bettler. Du weißt es und läßt es dennoch geschehen, weil du das Kind respektierst.

Liebe ist immer respektvoll. Liebe ist Achtung vor dem andern.

Wenn Gott dieses Kind so haben will, dann soll es eben so sein. Du respektierst es. Du mischst dich nicht ein, du stellst dich nicht in den Weg. Du sagst nicht: „Das ist nicht richtig, ich kenne das Leben besser. Ich habe gelebt, du hast keine Lebenserfahrung. Ich weiß, was Geld bedeutet. Gedichte schreiben bringt kein Geld. Werde Politiker oder wenigstens Ingenieur oder Arzt." Oder das Kind will Holzfäller oder Schuster werden, oder es möchte einfach nur ein Vagabund sein und das Leben genießen – unter Bäumen und an Meeresstränden schlafen und in der Welt herumziehen.

Wenn du liebst, mischst du dich nicht ein. Du sagst: „Gut, du hast meinen Segen. Suche nach deiner Wahrheit. Werde, was immer du werden willst. Ich will dir nicht im Weg stehen. Ich will dich mit meinen Erfahrungen nicht stören, es sind nur meine eigenen Erfahrungen. Und du bist nicht ich. Du bist zwar durch mich gekommen, aber du bist nicht ich – du bist keine Kopie von mir und sollst auch keine werden. Du sollst mich nicht imitieren. Ich habe mein Leben gelebt, lebe du dein Leben. Ich will dich nicht mit meinen ungelebten Erfahrungen belasten. Ich will dich nicht mit meinen unerfüllten Wünschen belasten. Ich werde dich unbeschwert lassen. Und ich möchte dir helfen. Sei, was immer du sein möchtest, mit all meinem Segen und mit all meiner Hilfe."

Die Kinder kommen durch euch, aber sie gehören Gott. Sie gehören dem Ganzen. Nehmt sie nicht in Besitz.

Behandelt sie nicht wie euer Eigentum. Wie könnten sie auch euch gehören?

Wenn ihr einmal zu diesem Verständnis kommt, dann gibt es keine Grausamkeit mehr.

Du fragst mich: „Warum sind Eltern so grausam zu ihren Kindern? Hat es Sinn, sie dafür verantwortlich zu machen?"

Nein, ich sage nicht, daß es Sinn hat, sie dafür verantwortlich zu machen, denn sie haben schon unter *ihren* Eltern gelitten und so weiter und so fort. Verstehen ist nötig. Sündenböcke helfen nichts. Du kannst nicht einfach sagen: „Ich bin kaputt, weil meine Eltern mich kaputtgemacht haben – was kann ich daran ändern?" Ich weiß, Eltern sind zerstörerisch, aber wenn du wach und bewußt bist, kannst du aus diesem Muster, das sie geschaffen und um dich herumgewoben haben, herausschlüpfen.

Du bist jederzeit in der Lage, dich aus jeder Falle zu befreien, in die du geraten bist. Deine Freiheit mag in einen Käfig gesteckt worden sein. Aber Freiheit ist so beschaffen, ist so sehr dein eigen, daß sie nie ganz zerstört werden kann. Sie bleibt immer bestehen, und du kannst sie wiederfinden. Mag sein, daß es schwierig ist, mühsam, hart, ein steiler Weg, aber es ist nicht unmöglich.

Es hat keinen Sinn, die Verantwortung abzuschieben, denn das macht dich verantwortungslos. Genau das hat die Freudsche Psychoanalyse mit den Leuten gemacht – darin liegt ihr Schaden. Du gehst zum Psychoanalytiker, und der gibt dir ein sehr gutes Gefühl und sagt: „Was kannst du schon machen? Bei diesen Eltern – bei dieser Mutter, bei diesem Vater! Deine ganze Erziehung war falsch. Deshalb leidest du unter all diesen Problemen." Du fühlst dich gut, jetzt bist du die Verantwortung los.

Zweitausend Jahre lang hat das Christentum euch

verantwortlich gemacht, hat euch das Gefühl gegeben, daß ihr Sünder seid. Jetzt fällt die Psychoanalyse ins andere Extrem. Sie sagt einfach: „Du bist kein Sünder, du brauchst keine Schuldgefühle zu haben, du bist völlig in Ordnung. Vergiß alle Schuld und vergiß alle Sünde. Die andern sind verantwortlich!"

Durch diese Vorstellung von der Schuld hat das Christentum viel Schaden angerichtet. Jetzt richtet die Psychoanalyse aus der entgegengesetzten Richtung Schaden an – durch die Vorstellung der Verantwortungslosigkeit.

Bedenkt eins: was die Eltern getan haben, hat man sie so gelehrt – ihre Eltern haben es ihnen beigebracht. Die wiederum wurden auch von Eltern großgezogen. Sie sind nicht einfach vom Himmel gefallen. Was nützt es also, die Verantwortung immer weiter nach hinten zu schieben? Das hilft gar nichts, das wird kein einziges Problem lösen. Es hilft dir lediglich, dich von deinen Schuldgefühlen zu befreien. Das ist gut, die gute Seite. Die segensreiche Seite der Psychoanalyse ist, daß sie euch eure Schuldgefühle genommen hat. Und die schädliche Seite ist, daß sie es dabei beläßt; sie gibt euch kein Gefühl für die eigene Verantwortung.

Sich schuldig zu fühlen ist das eine, sich verantwortlich zu fühlen ist etwas ganz anderes. Ich lehre euch Verantwortlichkeit. Was verstehe ich unter Verantwortlichkeit? Du bist nicht deinen Eltern verantwortlich, und du bist keinem Gott verantwortlich, und du bist keinem Priester verantwortlich – du bist deinem inneren Wesen verantwortlich. Veranwortung ist Freiheit!

Verantwortung bedeutet: „Ich muß die Zügel meines Lebens selbst in die Hand nehmen. Jetzt ist es genug. Meine Eltern haben genug Schaden angerichtet. Sie haben alles getan, was sie konnten: sowohl Gutes als auch

Schlechtes, beides. Jetzt bin ich ein reifer Mensch geworden. Es ist Zeit, daß ich die Dinge selber in die Hand nehme und so zu leben anfange, wie es aus mir herauskommt. Jetzt muß ich meine ganze Energie meinem eigenen Leben widmen." Und sofort wirst du eine große Stärke in dir spüren.

Schuld macht dich schwach. Verantwortung macht dich stark. Verantwortung gibt dir wieder Herz, Zuversicht, Vertrauen.

Und denk daran: Nur wenn du auf deinen eigenen Füßen stehst, wirst du eines Tages auch ohne Füße gehen und ohne Flügel fliegen können. Sonst nicht.

Und du fragst: „Wie kann man vermeiden, die gleichen Fehler zu begehen?"

Versuche einfach, diese Fehler zu verstehen. Wenn du verstehst, warum diese Fehler begangen wurden, wirst du sie nicht noch einmal begehen.

Die Wahrheit zu sehen, verwandelt. Wahrheit befreit.

Verstehe einfach, warum deine Eltern dich kaputtgemacht haben. Ihre Absichten waren gut, aber ihr Bewußtsein war nicht gut. Sie waren keine bewußten Menschen. Sie wollten, daß du glücklich bist, das ist sicher. Sie wünschten dir alles Glück der Erde. Deshalb wollten sie, daß du ein reicher Mensch wirst, ein angesehener Mensch. Deshalb haben sie deine Wünsche gezügelt, deine Neigungen beschnitten, dich geformt, dich in Schablonen gezwängt, dich strukturiert, dir einen Charakter gegeben, vieles unterdrückt und vieles erzwungen. Sie haben getan, was sie konnten. Ihre Absicht war gut. Sie wollten, daß du glücklich wirst, auch wenn sie nicht wußten, was sie taten, auch wenn sie selber nie Glück erfahren hatten. Sie waren unglückliche und unbewußte Menschen.

Sie handelten in guter Absicht – sei ihnen nicht böse.

Sie haben getan, was sie konnten. Hab Mitgefühl mit ihnen, aber sei ihnen niemals böse. Sei nicht wütend auf sie! Sie waren hilflos! Sie haben in einer Falle gesteckt. Sie haben kein Glück gekannt, sie hatten nur eine gewisse Vorstellung – daß jemand, der viel Geld hat, ein glücklicher Mensch ist. Ihr ganzes Leben lang haben sie dafür gearbeitet. Ihr ganzes Leben haben sie mit Geldverdienen vertan, aber an dieser dummen Vorstellung, daß Geld glücklich macht, hielten sie fest. Und so wollten sie auch deine Natur vergiften. Sie dachten nicht, daß sie dich vergiften, sie dachten, daß sie dich mit Köstlichkeiten füttern. Ihre Träume waren gut, ihre Absichten waren gut, aber sie waren unglückliche und unbewußte Menschen – nur darum haben sie dir Schaden zugefügt.

Von jetzt an sei bewußt. Suche das wirkliche Glück. Finde heraus, wie man glücklich wird. Meditiere, bete, liebe. Lebe leidenschaftlich und intensiv! Wenn du wahres Glück erfahren hast, wirst du zu niemandem grausam sein können – du kannst es gar nicht. Wenn du wirklich vom Leben gekostet hast, fügst du niemandem Schaden zu, erst recht nicht deinen eigenen Kindern. Du kannst überhaupt niemandem Schaden zufügen.

Wenn du einmal bewußt geworden bist, dann ist das genug. Dann brauchst du nicht zu fragen: „Wie kann man vermeiden, die gleichen Fehler zu begehen?" Wenn du nicht glücklich und nicht bewußt bist, kannst du die gleichen Fehler nicht vermeiden – du wirst die gleichen Fehler begehen! Es passiert unweigerlich. Du bist dazu verurteilt, die gleichen Fehler zu begehen.

Ich kann dir also keinen Tip geben, wie sie zu vermeiden sind. Ich kann dich nur einsichtig machen. Diese Einsicht ist: deine Eltern waren unglücklich – bitte sei du glücklich. Deine Eltern waren unbewußt – sei du bewußt. Und diese beiden Dinge – Bewußtsein und Glücklichsein sind nicht zwei verschiedene Dinge, sondern zwei Seiten der gleichen Medaille.

Werde zuerst bewußt, und du wirst glücklich sein! Und ein glücklicher Mensch ist ein gewaltloser Mensch.

Denke immer daran, Kinder sind keine Erwachsenen. Du darfst nichts Erwachsenes von ihnen erwarten. Sie sind Kinder, sie haben völlig andere Vorstellungen, eine ganz andere Perspektive. Du darfst ihnen nicht die Einstellungen der Erwachsenen aufzwingen. Erlaube ihnen, Kinder zu sein, denn das werden sie niemals wieder sein. Und wenn die Kindheit einmal vorbei ist, sehnt sich jeder danach zurück. Jeder hat das Gefühl, das waren paradiesische Tage. Störe sie nicht.

Es fällt dir manchmal schwer, die Ansichten von Kindern zu verstehen, weil du sie selbst schon verloren hast! Ein Kind versucht auf einen Baum zu klettern – und was tust du? Du bekommst Angst, es könnte herunterfallen, es könnte sich ein Bein brechen, oder sonst etwas könnte schiefgehen. Und aus lauter Angst läufst du hin und hältst das Kind zurück. Hättest du gewußt, wie schön Bäumeklettern ist, dann hättest du dem Kind geholfen zu lernen, wie man auf Bäume klettert. Du hättest es auf eine Schule geschickt, wo man auch lernt, auf Bäume zu klettern. Du hättest es nicht gebremst. Deine Angst ist gut, sie zeigt deine Fürsorge, das Kind könnte fallen. Aber ein Kind vom Bäumeklettern abzuhalten, bedeutet, es am Wachsen zu hindern.

Bäumeklettern ist etwas ganz Wesentliches. Ein Kind, das niemals auf Bäume geklettert ist, wird irgendwo arm bleiben. Ein gewisser Reichtum wird ihm fehlen – sein ganzes Leben lang. Du hast es um etwas Wunderschönes gebracht, und anders kann man es nicht erfahren. Später wird es schwieriger sein, auf Bäume zu klettern. Es wird dumm oder idiotisch oder lächerlich aussehen.

Laß das Kind auf den Baum klettern. Und wenn du Angst hast, dann hilf ihm, gehe zu ihm und bring es ihm bei. Klettere selber hinauf. Zeig ihm, wie man nicht herunterfällt. Und außerdem ist es gar nicht so schlecht, ab und zu einmal vom Baum zu fallen – besser, als ein Leben lang von bestimmten Erfahrungen ausgeschlossen zu sein.

Das Kind möchte hinaus in den Regen und möchte im Regen durch die Straßen laufen. Aber du hast Angst, es könnte sich erkälten oder eine Lungenentzündung oder sonst etwas holen. Und deine Angst ist berechtigt! Also tue etwas, um es widerstandsfähiger gegen Erkältungen zu machen. Geh mit ihm zum Arzt, frag den Arzt, welche Vitamine du ihm geben kannst, damit es im Regen herumlaufen und sich freuen und tanzen kann und du keine Angst mehr zu haben brauchst, daß es sich erkältet oder sich eine Lungenentzündung holt. Aber bremse das Kind nicht. Im Regen auf den Straßen zu tanzen, macht solchen Spaß! Wenn es diese Erfahrung nicht macht, wird ihm etwas sehr Wertvolles fehlen.

Wenn du das Glücklichsein kennst, und wenn du bewußt bist, wirst du seine Gefühle nachempfinden können.

Ein Kind springt herum, tanzt und schreit – und du liest gerade die Zeitung, deine dumme Zeitung! Dabei weißt du genau, was drin steht – es ist immer das gleiche. Aber du fühlst dich gestört. Es steht nichts drin in der Zeitung, aber du fühlst dich gestört. Du stoppst das Kind: „Schrei nicht so. Stör Vati nicht." Vati tut etwas Großartiges – Zeitunglesen! Und dafür erstickst du diesen Energiestrom, dieses Fließen; du erstickst diese Glut. Du erstickst Leben. Du bist gewalttätig.

Ich sage nicht, daß das Kind immer das Recht hat, dich zu stören. Aber von hundertmal fühlst du dich neunzigmal unnötig gestört. Wenn du das Kind diese neunzig Mal in Ruhe läßt, wird es verstehen. Wenn du das Kind verstehst, versteht das Kind dich auch. Kinder sind sehr, sehr einfühlsam. Wenn ein Kind merkt, daß es nicht gestört wird, dann kannst du ruhig auch einmal sagen: „Bitte, hör auf, ich mache gerade das und das." Das Kind wird wissen, daß das nicht von einer Mutter, einem Vater kommt, die ständig nörgeln müssen. Es kommt von Eltern, die ihm alles erlauben.

Kinder haben eine andere Sichtweise.

„Jetzt seid mal ganz still", sagt der Lehrer, „so still, daß man eine Stecknadel fallen hören kann."

Eine tiefe Stille senkt sich über das Klassenzimmer. Nach etwa zwei Minuten ruft eine verzweifelte Stimme von hinten: „Mein Gott, wann fällt sie denn endlich?"

Ein kleiner Junge kommt zum erstenmal zur Schule, und kaum ist seine Mutter gegangen, da bricht er in Tränen aus. So sehr sich auch der Lehrer und der Rektor bemühen, er will nicht aufhören zu weinen. Bis schließlich der Lehrer kurz vor dem Mittagessen ganz verzweifelt sagt: „Um Himmels willen, Kind, sei endlich still! Jetzt ist Mittagspause und in zwei Stunden kannst du nach Hause gehen und deine Mutter wiedersehen."

Augenblicklich hört der kleine Junge auf zu weinen. „Wirklich?" strahlt er, „und ich dachte, ich müßte hierbleiben, bis ich sechzehn bin."

Kinder sehen und verstehen die Dinge auf ihre Art. Versucht, sie zu verstehen. Ein einfühlsamer Mensch wird immer feststellen, daß eine tiefe Harmonie zwischen ihm und dem Kind entsteht. Es sind nur die dummen, die unbewußten, die verständnislosen Leute, die sich in ihren Vorstellungen verkapseln und die Sichtweise der andern nicht wahrnehmen.

Kinder bringen Frische in die Welt.

Kinder sind Neuauflagen des Bewußtseins.

Kinder sind ein erfrischender Zufluß von Göttlichkeit ins Leben. Seid voller Respekt, seid verständnisvoll.

Und wenn du glücklich bist und wach, brauchst du dir keine Sorgen zu machen, daß du die gleichen Fehler wiederholst – du wirst sie nicht wiederholen. Aber dazu mußt du ein ganz anderer Mensch sein als deine Eltern.

Bewußtsein wird diesen Unterschied herbeiführen.[3]

TEIL II

KINDER – NEUAUFLAGEN DES BEWUSSTSEINS

GEBT EUCH SELBST EINEN KLAPS AUF DEN HINTERN

Wie kann man die Geburt eines Kindes so sanft wie möglich gestalten?

Wenn das Kind den Mutterleib verläßt, erfährt es den größten Schock seines Lebens. Selbst das Sterben wird nicht so schockierend sein, denn der Tod kommt ohne Vorwarnung. Der Tod kommt höchstwahrscheinlich, wenn man bewußtlos ist. Aber während das Kind aus dem Mutterbauch herauskommt, ist es bei Bewußtsein. Sein neun Monate währender Schlaf – ein Schlaf voller Frieden – wird gestört. Und dann zerschneidet ihr noch die Schnur, die es mit der Mutter verbindet. In dem Moment, in dem ihr die Schnur durchtrennt, die es mit der Mutter verbindet, habt ihr ein ängstliches Wesen geschaffen.

Das ist nicht die richtige Methode, aber so wurde es bis jetzt gemacht. Unbeabsichtigt hat dies den Priestern und ihren sogenannten Religionen geholfen, die Menschen auszubeuten. Das Kind sollte viel langsamer und in kleineren Schritten von der Mutter getrennt werden. Zu einem solchen Schock sollte es nicht kommen. Und das läßt sich einrichten. Man kann es ganz wissenschaftlich vorbereiten.

Es sollte keine grellen Lichter im Raum geben, denn das Kind hat neun Monate in absoluter Dunkelheit gelebt, seine Augen haben nie vorher Licht gesehen und sind sehr empfindlich. Aber in euren Krankenhäusern wird das Kind plötzlich grellen Lichtern, Neonröhren, ausgesetzt. Deswegen leiden die meisten Menschen unter schlechten Augen und müssen später Brillen tragen. Kein Tier braucht das. Oder habt ihr jemals ein Tier mit Brille Zeitung lesen sehen? Sie haben vollkommen gesunde Augen, ihr ganzes Leben lang bis zum Tod. Nur der Mensch braucht so etwas. Und das beginnt schon bei der Geburt. Nein, ein Kind sollte in der Dunkelheit zur Welt gebracht werden oder in einem sehr sanften Licht, vielleicht bei Kerzenbeleuchtung. Dunkelheit wäre am besten, aber wenn man ein wenig Licht braucht, dann sollten Kerzen genügen.

Und wie verhalten sich die Ärzte bis zum heutigen Tag? Sie geben dem Kind nicht einmal ein bißchen Zeit, um sich auf die neue Wirklichkeit einzustellen. Die Art, wie sie das Kind willkommen heißen, ist so häßlich: Sie fassen das Kind bei den Füßen, lassen es herunterhängen und geben ihm einen Klaps auf den Hintern. Hinter diesem dummen Ritual steckt die Vorstellung, das Kind müsse auf diese Weise zum Atmen gebracht werden, denn im Mutterleib hat es nicht selbst geatmet. Die Mutter hat alles für das Kind getan – geatmet, gegessen.

In dieser Welt mit dem Kopf nach unten und einem Klaps auf den Hintern begrüßt zu werden, ist kein sehr guter Anfang.

Aber der Arzt hat es eilig. Sonst würde das Kind von

selber anfangen zu atmen; man muß es nur der Mutter auf den Bauch legen. Ehe die Nabelschnur abgetrennt wird, sollte man es auf den Bauch der Mutter legen. Erst war es drinnen im Bauch, nun ist es draußen obendrauf. Das ist keine große Veränderung. Die Mutter ist da; es kann sie berühren, kann sie fühlen. Es ist mit ihrer Atmosphäre vertraut. Es ist sich vollkommen bewußt, daß dies sein Zuhause ist. Es ist zwar nach draußen gekommen, aber dies ist immer noch sein Zuhause. Laßt das Kind eine Weile bei der Mutter, so daß es die Mutter von außen kennenlernen kann; von innen kennt es sie ja schon. Und durchtrennt die Nabelschnur nicht, bevor es nicht von selbst begonnen hat zu atmen.

Aber wie wird es statt dessen gemacht? Man durchtrennt die Nabelschnur und gibt dem Kind einen Klaps, damit es atmet. Das bedeutet Zwang, Gewaltanwendung und ist völlig unwissenschaftlich und unnatürlich.

Laßt das Kind zuerst selbständig atmen. Es wird ein paar Minuten dauern. Habt es nicht so eilig damit. Hier entscheidet sich das ganze Leben eines Menschen. Ihr könnt eure Zigarette auch zwei oder drei Minuten später rauchen, eurer Freundin ein paar Minuten später süße Nichtigkeiten ins Ohr flüstern. Das schadet niemandem. Warum die Eile? Könnt ihr nicht einmal drei Minuten für das Kind erübrigen? Denn mehr Zeit ist nicht nötig. Sich selbst überlassen, fängt es innerhalb von drei Minuten an zu atmen. Wenn es einmal angefangen hat zu atmen, gewinnt es Vertrauen in seine Fähigkeit, selbständig zu überleben. Dann könnt ihr die Nabelschnur abtrennen; sie wird nicht mehr gebraucht. Und jetzt wird es für das Kind auch keinen Schock mehr bedeuten.

Danach ist das Wichtigste, es nicht in Decken einzuwickeln und in ein Bett zu legen. Schließlich hat es neun Monate nackt, ohne Decken und Kissen gelebt, ohne Bett und ohne Laken. Solch einen Wechsel sollte man nicht überstürzen. Das Kind braucht ein Bad in einer Wasserlösung mit der gleichen Zusammensetzung wie im Mutterleib, nämlich genauso wie Meerwasser: dieselbe Menge Salz, dieselbe chemische Zusammensetzung, alles genau wie im Meer.

Das ist auch ein Beweis dafür, daß das Leben zuerst im Meer entstanden ist. Es entsteht noch immer im Meerwasser. Deshalb essen schwangere Frauen auch gerne Salziges, weil die Gebärmutter das Salz aufnimmt. Das Kind braucht dasselbe Salzwasser, wie man es im Meer findet. Genau solches Wasser solltet ihr in einer kleinen Wanne anrühren und das Kind hineinlegen. Dann wird es sich wirklich willkommen fühlen. Mit dieser Situation ist es vertraut.

In Japan hat ein Zen-Mönch ein hochinteressantes Experiment durchgeführt: Er brachte dreimonatigen Kindern das Schwimmen bei. Er hat sich dieser Altersstufe schrittweise genähert: Zuerst probierte er es mit neun Monate alten Kindern, dann mit sechsmonatigen und schließlich mit dreimonatigen. Und ich möchte ihm sagen, daß er noch immer einen weiten Weg vor sich hat. Sogar ein neugeborenes Kind ist imstande zu schwimmen, weil es schon im Mutterbauch geschwommen ist.

Schafft also eine ähnliche Situation für das Kind wie im Mutterbauch. Das wird sein Selbstvertrauen erwecken, und kein Priester wird es jemals mit Geschichten vom Fegefeuer und all dem Unsinn zur leichten Beute machen können.[4]

DAS GESICHT GOTTES

Wie können wir dafür sorgen, daß unsere Kinder ihr ursprüngliches Gesicht behalten?

Das ursprüngliche Gesicht eines jeden Kindes ist das Gesicht Gottes. Natürlich ist mein Gott kein Christ, kein Hindu, kein Jude. Mein Gott ist nicht einmal eine Person, sondern eine Präsenz.

Er ist weniger eine Blume als vielmehr ein Duft. Du kannst ihn fühlen, aber du kannst ihn nicht anfassen. Du kannst davon überwältigt sein, aber du kannst ihn nicht besitzen.

Mein Gott ist nicht etwas Objektives – „dort" .

Mein Gott ist deine Subjektivität selbst – „hier" .

Mein Gott läßt sich nie durch die Worte „das dort" andeuten. Er läßt sich nur durch die Worte „dies hier" andeuten.

Den Gott meiner Vision und Erfahrung kann man nicht in Synagogen, Tempeln, Moscheen, Kirchen, im Himalaya oder in Klöstern finden. Er ist nicht dort, weil er immer hier ist. Und du suchst ihn immer wieder dort.

Wenn ich sage, daß das ursprüngliche Gesicht eines jeden Kindes das Gesicht Gottes ist, meine ich damit, daß das Leben, das Dasein, identisch ist mit Gott. Alles, was existiert, ist göttlich, ist heilig. Und es gibt nichts anderes als Gott.

Gott sollte nicht als Quantität verstanden werden, sondern als Qualität. Du kannst ihn nicht messen. Du kannst keine Statue von ihm machen, du kannst kein Bild von ihm malen. So gesehen ist er völlig unpersönlich. Und wenn du dir die Gesichter von neugeborenen Kindern anschaust, frisch aus der tiefsten Quelle des Lebens, wirst du eine gewisse Präsenz erkennen, die nicht faßbar ist, nicht zu benennen, undefinierbar.

Das Kind ist lebendig. Du kannst seine Lebendigkeit nicht definieren, aber sie ist da, du kannst sie fühlen. Sie ist so sehr gegenwärtig, daß du sie nicht übersehen kannst, egal wie blind du bist. Sie ist taufrisch. Du kannst die Frische riechen, die ein Kind umgibt. Dieser Duft verschwindet nach und nach. Und wenn das Kind das Pech hat, erfolgreich zu werden – eine bekannte Persönlickeit, ein Präsident, ein Premierminister, ein Papst – dann beginnt dieses Kind zu stinken.

Es kam mit einem außergewöhnlichen Duft, unermeßlich, unbeschreiblich, unbenennbar. Schau in die Augen eines Kindes – du kannst nichts Tieferes finden. Die Augen eines Kindes sind wie ein Abgrund, bodenlos.

Unglücklicherweise werden diese Augen durch den zerstörerischen Einfluß der Gesellschaft bald oberflächlich werden. Diese Tiefe, diese unermeßliche Tiefe, wird schon bald unter den vielen Schichten von Konditionierung verschwinden.

Und das war sein ursprüngliches Gesicht.

Das Kind hat noch keine Gedanken. Worüber kann es nachdenken? Zum Denken braucht man Vergangenheit, braucht man Probleme. Es hat keine Vergangenheit, es hat nur Zukunft. Es hat noch keine Probleme – es ist problemlos. Es hat keine Voraussetzungen zum Denken. Was könnte es denken?

Das Kind ist bewußt, aber ohne Gedanken.

Das ist das ursprüngliche Gesicht des Kindes.

Das war einmal auch dein Gesicht, auch wenn du es vergessen hast. Es ist noch immer in deinem Innern und wartet darauf, eines Tages wiederentdeckt zu werden. Ich sage wiederentdeckt, weil du es schon viele Male in deinen vorherigen Leben entdeckt hast, und immer wieder vergißt du es.

Vielleicht hat es auch in diesem Leben schon Augenblicke gegeben, in denen du sehr nahe daran warst, es zu erkennen, zu fühlen, es zu sein. Aber wir sind zu sehr im Bann der Welt. Ihre Anziehungskraft ist stark. Sie zieht dich in tausenderlei Richtungen. Sie zieht dich in so viele Richtungen, daß du auseinanderfällst. Es ist wirklich ein Wunder, wie die Leute es schaffen, sich zusammenzuhalten. Sonst würde eine Hand sich nach Norden strecken, die andere nach Süden, der Kopf gen Himmel; alle Körperteile würden einzeln durch die Gegend fliegen. Es ist wirklich ein Wunder, wie es euch gelingt, euch zusammenzuhalten. Vielleicht ist der Druck von allen Seiten so groß, daß eure Hände, Beine und Köpfe nicht wegfliegen können? Ihr werdet von allen Seiten zusammengepreßt.

Auch wenn dir durch Zufall dein ursprüngliches Gesicht begegnen sollte, würdest du es nicht erkennen – so fremd käme es dir vor. Vielleicht triffst du es ab und zu mal aus Versehen – aber dann sagst du nicht einmal: „Hallo". Es ist ein Fremder, und vielleicht steckt tief in dir eine gewisse Angst davor, wie jedem Fremden gegenüber.

Du fragst mich, wie wir das ursprüngliche Gesicht unserer Kinder bewahren können. Du brauchst eigentlich nichts zu tun. Jeder direkte Eingriff wäre eine Störung. Du mußt die Kunst des Nicht-Tuns erlernen. Das ist eine schwierige Kunst. Es gibt nichts, was du tun mußt, um das ursprüngliche Gesicht des Kindes zu schützen, zu bewahren. Was immer du tust, wird das ursprüngliche Gesicht verzerren. Du mußt das Nicht-Tun lernen; du mußt lernen, dich dem Kind nicht in den Weg zu stellen. Das erfordert sehr viel Mut, denn es ist ein Risiko, das Kind sich selbst zu überlassen.

Seit Tausenden von Jahren hat man uns beigebracht, daß ein Kind, das man sich selbst überläßt, zu einem Wilden wird.

Das ist purer Unsinn. Wie ich hier vor euch sitze – haltet ihr mich für einen Wilden? Und ich bin ohne die Einmischung meiner Eltern aufgewachsen. Ja, es hat sie viel Mühe gekostet, und es wird auch euch viel Mühe machen, aber es lohnt sich.

Das ursprüngliche Gesicht eines Kindes ist so kostbar, daß es jede Mühe wert ist. Es ist so unbezahlbar, daß jeder Preis, den man dafür zu zahlen hat, gering ist; ihr habt es ja auch bekommen, ohne dafür zu bezahlen. Und was für ein Freudentag, wenn ihr das ursprüngliche Gesicht des Kindes unberührt findet, mit derselben Schönheit, die es in die Welt mitbrachte, derselben Unschuld, derselben Klarheit, derselben Freudigkeit, Munterkeit, derselben Lebendigkeit. Was kann man mehr erwarten?

Du kannst dem Kind nichts mehr geben, du kannst ihm nur etwas nehmen. Wenn du dem Kind wirklich ein Geschenk machen willst, dann kann es nur dies sein: Misch dich nicht ein! Geh das Risiko ein und laß das

Kind ins Unbekannte, ins Unerforschte gehen. Das ist schwer. Die Eltern bekommen große Angst – wer weiß, was dem Kind alles zustoßen kann? Aus dieser Angst heraus fangen die Eltern an, das Leben des Kindes in bestimmte Strukturen zu pressen. Aus Angst drängen sie es auf einen bestimmten Weg, zu einem bestimmten Ziel, aber sie wissen nicht, daß sie das Kind mit ihrer Angst abtöten. Es wird nun niemals tiefes Glück empfinden. Und es wird euch niemals dankbar sein; es wird immer einen Groll gegen euch hegen.

Sigmund Freud hatte hier eine große Erkenntnis. Er sagt: „Jede Kultur respektiert den Vater. Es gibt und gab keine Kultur auf der Erde, die nicht von dem Gedanken beherrscht war und darauf bestand, daß der Vater zu respektieren sei." Er meint: „Dieser Respekt für den Vater geht auf vorgeschichtliche Zeiten zurück, in denen die Kinder ihre Väter umbrachten, nur um sich davor zu schützen, zu Krüppeln gemacht zu werden."

Eine seltsame Vorstellung, aber sehr bedeutungsvoll. Er sagt damit, daß man nur aus Schuldgefühl dem Vater Respekt zollt und daß wir dieses Schuldgefühl seit Jahrtausenden mit uns herumtragen. Wahrscheinlich handelt es sich hier nicht um eine historische Tatsache, sondern nur um einen symbolischen Mythos, daß junge Menschen ihre Väter umbrachten und es dann bereuten – schließlich war es ja ihr Vater. Aber er zwang sie zu einem Leben, das sie nicht glücklich machte.

Sie brachten ihn um, aber dann bereuten sie es. Sie fingen an, die Geister ihrer Vorfahren, ihrer Väter und Vorväter anzubeten – aus Furcht, daß diese Geister sich rächen könnten. Und daraus wurde nach und nach der Brauch, die Alten zu respektieren. Aber warum?

Ich möchte, daß ihr eure Kinder respektiert.

Kinder verdienen allen Respekt, den ihr aufbringen

könnt, weil sie so frisch sind, so unschuldig, so nahe dem Göttlichen. Es ist an der Zeit, ihnen Respekt entgegenzubringen, anstatt sie zu zwingen, alle möglichen korrupten, gerissenen, verdrehten und verkorksten Leute zu respektieren, nur weil sie alt sind!

Ich möchte die ganze Sache umkehren: Respekt vor den Kindern, weil sie der Quelle näher sind; ihr andern seid weit von ihr entfernt. Sie sind noch ursprünglich, ihr seid bereits eine Kopie. Und wißt ihr, was Respekt für die Kinder bewirken kann? Gerade durch Liebe und Respekt könnt ihr sie davor bewahren, die falsche Richtung einzuschlagen – nicht durch Angst, sondern durch eure Liebe und euren Respekt.

Mein Großvater... ich konnte ihn nicht belügen, weil er mich so sehr achtete. Wenn die ganze Familie gegen mich war, konnte ich mich wenigstens auf diesen alten Mann verlassen. Er störte sich nicht an all den Dingen, die gegen mich sprachen. Er sagte immer: „Es ist mir egal, was er getan hat. Wenn er es getan hat, muß es richtig gewesen sein. Ich kenne ihn, er kann nichts Falsches tun."

Und wenn er auf meiner Seite war, mußte meine ganze Familie natürlich zurückstecken. Ich erzählte ihm immer die ganze Geschichte, und er sagte: „Mach dir keine Sorgen. Tu, was dir richtig erscheint, und denke immer daran, du hast meine volle Unterstützung, denn ich liebe dich nicht nur, sondern ich respektiere dich auch."

Sein Respekt für mich war der größte Schatz, den man mir geben konnte.

Als er starb, war ich achtzig Meilen entfernt. Er ließ mir ausrichten, daß ich sofort kommen solle, es bleibe nicht viel Zeit. Ich kam sofort, innerhalb von zwei Stunden war ich da.

Es war wirklich, als hätte er auf mich gewartet. Er öffnete die Augen und sagte: „Ich habe nur weitergeatmet, damit du mich noch antriffst. Ich will dir noch eins sagen: Ich werde nun nicht mehr da sein, um dich zu unterstützen, und du wirst Unterstützung brauchen. Aber denke daran, meine Liebe und mein Respekt werden mit dir sein, wo immer ich auch bin. Fürchte niemanden, habe keine Angst vor der Welt."

Das waren seine letzten Worte: „Habe keine Angst vor der Welt."

Respektiert die Kinder, macht sie furchtlos.

Aber wenn du selbst voller Angst bist, wie kannst du sie dann furchtlos machen?

Zwinge sie nicht, dich zu respektieren, nur weil du der Vater bist, der Papa, die Mama, oder wer immer.

Ändere diese Haltung, und du wirst sehen, wie deine Kinder durch deine Achtung verwandelt werden.

Wenn du sie achtest, werden sie sorgfältiger auf dich hören. Wenn du sie achtest, werden sie versuchen, dich und deine Denkweise besser zu verstehen. Es bleibt ihnen gar nichts anderes übrig. Und du zwingst ihnen in keiner Weise etwas auf. Wenn sie also durch Einsicht dahin kommen, dir Recht zu geben und dir zu folgen, verlieren sie nicht ihr ursprüngliches Gesicht.

Das ursprüngliche Gesicht geht nicht dadurch verloren, daß man einen bestimmten Weg geht. Es geht verloren, wenn man Kinder zwingt, wenn man sie gegen ihren Willen zwingt.

Liebe und Respekt können ihnen auf sanfte Weise helfen, die Welt besser zu verstehen und aufmerksamer, bewußter, sorgsamer zu werden – denn das Leben ist kostbar, ein Geschenk des Daseins. Wir sollten es nicht vergeuden.

In unserer Todesstunde sollten wir sagen können, daß

wir die Welt ein wenig besser, schöner und anmutiger zurücklassen.

Aber das ist nur möglich, wenn wir diese Welt mit unserem ursprünglichen Gesicht verlassen – mit demselben Gesicht, mit dem wir in die Welt gekommen sind.[5]

EIN BUDDHA BLÜHT AUF

Wie hast du es als Kind geschafft, deine Klarheit zu behalten und dich nicht von den Erwachsenen um dich herum einschüchtern zu lassen? Was gab dir den Mut dazu?

Unschuld ist beides: Mut und Klarheit.

Wenn man unschuldig ist, braucht man keinen Mut. Auch Klarheit ist nicht nötig, weil nichts klarer ist als Unschuld – kristallklar. Das einzige Problem ist also: Wie bewahrt man seine Unschuld?

Unschuld kann man sich nicht erarbeiten.

Sie ist nicht etwas, das man lernen kann.

Sie ist nicht etwas, wofür man Talent hat, wie Malen, Musik, Dichten, Bildhauerei. Sie ist nichts dergleichen. Unschuld ist mehr wie Atmen – man wird damit geboren.

Unschuld ist unsere Natur.

Kein Mensch wird anders geboren als unschuldig. Wie kann man anders als unschuldig geboren werden?

Geboren sein heißt, die Welt als Tabula rasa betreten –

du bist ein unbeschriebenes Blatt. Du hast nur eine Zukunft, keine Vergangenheit. Das ist die Bedeutung von Unschuld. Versuche also zuerst, alle Bedeutungen von Unschuld zu verstehen.

Die erste ist: keine Vergangenheit, nur Zukunft.

Du kommst als unschuldiger Beobachter auf die Welt. Jeder kommt auf dieselbe Weise und mit derselben Bewußtseinsqualität.

Deine Frage lautet, wie ich es geschafft habe, meine Unschuld, meine Klarheit von niemandem verderben zu lassen; was gab mir den Mut? Wie habe ich es geschafft, mich nicht durch die Erwachsenen und ihre Welt erniedrigen zu lassen?

Ich habe nichts dazugetan, es ist also keine Frage des Wie. Es ist einfach passiert; es war nicht mein Verdienst.

Vielleicht ginge es jedem so, aber ihr fangt an, euch bald für andere Dinge zu interessieren. Ihr laßt euch auf einen Handel mit der Erwachsenenwelt ein. Sie haben viele Dinge, die sie euch geben können; ihr habt nur eines zu geben, und zwar eure Integrität, eure Selbstachtung. Ihr habt nicht viel, nur eines – nennt es, wie ihr wollt: Unschuld, Intelligenz, Echtheit. Ihr habt nur dieses eine.

Und das Kind ist natürlich sehr interessiert an allem, was es um sich herum wahrnimmt. Ständig will es dieses oder jenes haben; das gehört zur menschlichen Natur. Wenn man ein kleines Kind betrachtet, selbst ein Neugeborenes, kann man sehen, daß es schon anfängt, die Arme nach etwas auszustrecken. Seine Hände versuchen, etwas herauszufinden. Die Reise hat begonnen.

Auf dieser Reise wird es sich selbst verlieren, weil man nichts auf dieser Welt bekommt, ohne dafür zu bezahlen. Und das arme Kind kann nicht verstehen, wie kostbar seine Gabe ist. Selbst wenn es auf der einen Seite die ganze Welt hätte und auf der anderen Seite seine Integrität – seine Integrität hätte mehr Gewicht, wäre wertvoller. Das Kind hat davon noch keine Ahnung. Das ist das Problem, denn was es hat, das hat es einfach und nimmt es für gegeben hin.

Du fragst mich, wie es mir gelungen ist, meine Unschuld und Klarheit nicht zu verlieren. Ich habe nichts dazu beigetragen. Ich war einfach von Anfang an ein einsames Kind, weil ich von meinen Großeltern mütterlicherseits großgezogen wurde und nicht bei meinen Eltern lebte. Diese beiden alten Leute waren allein und wünschten sich ein Kind, das die Freude ihrer letzten Tage sein sollte. Also willigten meine Eltern ein. Ich war ihr ältestes Kind, der Erstgeborene; sie schickten mich.

Ich kann mich in den Jahren meiner frühen Kindheit an keine Beziehung zur Familie meines Vaters erinnern. Mit diesen zwei alten Männern – meinem Großvater und seinem alten Diener, der wirklich ein wunderbarer Mensch war – und meiner alten Großmutter, mit diesen drei Menschen... Und der Altersunterschied war so groß; ich war völlig allein. Sie waren keine Spielgefährten, sie konnten keine Spielgefährten sein. Sie gaben sich die gößte Mühe, meine Freunde zu sein, aber es ging einfach nicht.

Ich war mir selbst überlassen. Über vieles konnte ich mit ihnen nicht reden. Ich hatte sonst niemanden, denn meine Familie war in diesem kleinen Dorf die wohlhabendste; und es war ein so kleines Dorf – alles in allem nicht mehr als zweihundert Menschen – und so arm, daß meine Großeltern mir nicht erlaubten, mich unter die Dorfkinder zu mischen. Sie waren schmutzig und natürlich lebten sie fast wie Bettler. Und so hatte ich keine Möglichkeit, Freundschaften zu schließen. Das hatte tiefe Auswirkungen. Mein ganzes Leben lang bin ich mit niemandem befreundet gewesen, habe ich nie jemanden zum Freund gehabt. Bekanntschaften, ja, die hatte ich.

In diesen ersten frühen Jahren war ich so einsam, daß ich anfing, es zu genießen. Und es ist wirklich ein Genuß. So war es für mich kein Fluch, sondern erwies sich als Segen. Ich fing an, es zu genießen und merkte, daß ich mir selbst genug war; ich war von niemandem abhängig.

Ich habe mich nie für Spiele interessiert, einfach deshalb, weil es in meiner frühen Kindheit keine Möglichkeit zum Spielen gab und keine Spielkameraden da waren. Ich sehe mich immer noch, wie ich in jenen ersten Jahren einfach nur dasaß.

Wir hatten einen wunderschönen Platz, wo unser Haus stand, direkt am Ufer eines Sees. Meilenweit nichts als der See... und der war so schön, so still. Nur manchmal sah man einen Zug weißer Kraniche fliegen oder man hörte ihre Lockrufe, und der Friede war gestört; aber sonst war es geradezu der ideale Platz zum Meditieren. Und wenn sie mal den Frieden störten – der Lockruf eines Vogels – dann vertiefte sich nach seinem Schrei der Friede umso mehr, wurde er noch tiefer.

Der See war übersät mit Lotosblüten. Und ich saß oft stundenlang da, so zufrieden mit mir selbst, als ob die Welt keine Rolle spielte: die Lotosblumen, die weißen Kraniche, die Stille ...

Und meinen Großeltern war eines sehr bewußt: daß ich mein Alleinsein genoß. Sie hatten immer wieder erlebt, daß ich keine Lust hatte, ins Dorf zu gehen, um jemanden zu treffen oder mit jemandem zu sprechen. Selbst wenn sie mit mir reden wollten, antwortete ich nur mit „ja" oder „nein". Reden interessierte mich auch nicht.

So wurde ihnen eines bald klar, nämlich, daß ich

mein Alleinsein genoß und es ihre heilige Pflicht war, mich nicht zu stören.

Es ist üblich, Kindern zu sagen: „Sei still, dein Vater denkt nach, dein Großvater ruht sich aus. Sei ruhig, sitz still!" In meiner Kindheit war es genau umgekehrt. Ich kann nicht sagen, warum und wie; es war einfach so. Darum habe ich gesagt: Es ist einfach passiert, es war nicht mein Verdienst.

Diese drei alten Menschen gaben sich ständig Zeichen: „Stört ihn nicht! Er genießt es so!" Und sie fingen an, meine Stille zu lieben.

Stille hat eine Ausstrahlung, sie ist ansteckend; besonders die Stille eines Kindes, die nicht erzwungen ist, die nicht daher kommt, daß einer sagt: „Du bekommst Schläge, wenn du Unsinn machst oder laut bist." Nein, das ist keine Stille. Davon geht nicht die freudige Ausstrahlung aus, von der ich hier spreche – wenn ein Kind von sich aus still ist und es ohne Grund genießt. Sein Glück hat keine Ursache. Das zieht ringsum große Wellen.

In einer besseren Welt wird jede Familie von ihren Kindern lernen. Ihr habt es so eilig, ihnen etwas beizubringen. Niemand scheint von ihnen zu lernen, und dabei könnten sie euch so vieles beibringen. Und ihr könnt ihnen absolut nichts beibringen.

Nur weil ihr älter seid und in der stärkeren Position, fangt ihr an, sie euch anzupassen – ohne jemals darüber nachzudenken, was ihr eigentlich seid, was aus euch geworden ist, wo ihr steht in eurer inneren Welt. Ihr seid Habenichtse. Und genau dasselbe wollt ihr auch für eure Kinder?

Aber keiner denkt darüber nach. Sonst würden die Menschen von den kleinen Kindern lernen. Kinder bringen so viel aus der andern Welt mit, weil sie gerade frisch angekommen sind. Sie tragen noch die Stille des Mutterleibs in sich, die Stille der Existenz selbst.

Es war also nur Zufall, daß ich sieben Jahre lang ungestört blieb, niemand, der an mir herumnörgelte, der mich auf die Welt der Geschäfte, der Politik und Manipulation vorbereitete. Meine Großeltern waren mehr daran interessiert, mich so natürlich wie möglich sein zu lassen, vor allem meine Großmutter. Ihr ist es mit zu verdanken – solche kleinen Dinge beeinflussen unser ganzes Leben – ihr ist es mit zu verdanken, daß ich eine solche Achtung für Frauen empfinde.

Sie war eine einfache Frau, ungebildet, aber ungeheuer einfühlsam. Sie machte meinem Großvater und dem Diener klar: „Wir haben unser Leben auf eine Art gelebt, die zu nichts geführt hat. Wir sind so leer wie je zuvor, und nun rückt der Tod näher." Sie bestand darauf: „Laßt dieses Kind unbeeinflußt. Was können wir ihm schon geben? Wir können ihn höchstens zu dem machen, was wir selber sind; und wir sind gar nichts. Gebt ihm die Chance, er selbst zu sein."

Ich bin dieser alten Frau über alles dankbar. Mein Großvater machte sich immer wieder Sorgen, daß man ihn früher oder später verantwortlich machen würde: „Sie werden sagen: Wir haben euch unser Kind überlassen, und ihr habt ihm nichts beigebracht."

Meine Großmutter ließ nicht einmal zu... Es gab im Dorf nämlich einen Mann, der mir wenigstens die Anfänge von Sprache, Mathematik und Geographie hätte beibringen können. Er hatte vier Schuljahre absolviert, die ersten vier Klassen der indischen Grundschule in ihrer einfachsten Form. Aber er war der gebildetste Mann im Dorf.

Mein Großvater versuchte es hartnäckig: „Er soll kommen und ihn unterrichten. Wenigstens lernt er dann das Alphabet und ein wenig Rechnen, und wenn er wieder zu seinen Eltern zurückgeht, werden sie nicht sagen, wir hätten die sieben Jahre völlig vergeudet."

Aber meine Großmutter sagte: „Laß sie nur machen, was sie wollen, nach diesen sieben Jahren. Sieben Jahre lang soll er einfach ganz natürlich und er selbst sein dürfen, und wir werden nicht eingreifen." Und ihr Argument war immer: „Du kennst das Alphabet, na und? Du kannst rechnen, na und? Du hast ein bißchen Geld verdient. Willst du, daß er auch nur ein bißchen Geld verdient und genauso lebt wie du?"

Das genügte, um den alten Mann zum Schweigen zu bringen. Was hätte er tun sollen? Er war in die Enge getrieben, denn er hatte kein Argument, und er wußte, daß man *ihn* verantwortlich machen würde, nicht sie, denn mein Vater würde ihn fragen: „Was hast du getan?" Und so wäre es tatsächlich auch gekommen, aber glücklicherweise starb er, bevor mein Vater ihm diese Frage stellen konnte.

Aber später sagte mein Vater immer: „Dieser alte Mann ist an allem schuld; er hat den Jungen verdorben." Aber jetzt war ich stark genug, um ihm klar zu machen: „Sag kein einziges Wort gegen Großvater in meiner Gegenwart. Er hat mich davor bewahrt, von dir verdorben zu werden. In Wirklichkeit ärgert dich das. Aber du hast ja noch mehr Kinder – verdirb doch die! Und am Ende wirst du sehen, wer verdorben ist."

Er hatte noch andere Kinder, und es wurden immer mehr. Ich machte mich oft über ihn lustig: „Bitte mach noch ein Kind, mach ein Dutzend draus! Elf Kinder? Die Leute fragen: ‚Wie viele Kinder?' Elf sieht nach nichts aus; ein Dutzend ist eindrucksvoller." Und später sagte ich oft zu ihm: „Verdirb nur weiter alle deine Kinder; ich bin wild und ich werde wild bleiben."

Was ihr als Unschuld anseht, ist nichts als Wildheit. Was euch als Klarheit erscheint, ist nichts als Wildheit. Irgendwie bin ich dem Zugriff der Zivilisation entgangen.

Und als ich erst einmal stark genug war... Aber genau deshalb bestehen die Leute darauf, das Kind so schnell wie möglich in Besitz zu nehmen, keine Zeit zu verlieren. Denn je früher man das Kind an die Kandare nimmt, um so leichter ist es. Ist das Kind erst einmal stark genug, dann wird es sehr schwierig, es nach euren Wünschen hinzubiegen.

Und das Leben verläuft in Siebenjahreszyklen. Mit sieben Jahren ist das Kind stark genug; dann ist nichts mehr zu machen. Jetzt weiß es, wohin es gehen will, was es tun will. Es ist in der Lage, seinen Standpunkt zu vertreten. Es kann sehen, was richtig und was falsch ist. Und seine Klarheit wird mit sieben Jahren auf dem Höhepunkt sein. Wenn man seine frühen Jahre nicht stört, dann ist es mit sieben so kristallklar in allen Dingen, daß es sein Leben lang nichts bereuen wird.

Ich habe ohne jede Reue gelebt. Ich habe versucht, herauszufinden: Habe ich jemals etwas falsch gemacht? Nicht, daß die Leute alles, was ich getan habe, für richtig gehalten hätten – darum geht es nicht. Ich habe nie gedacht, daß irgend etwas, was ich getan habe, falsch gewesen wäre. Die ganze Welt kann denken, daß es falsch war, aber ich bin mir absolut sicher, daß es richtig war; es war genau das Richtige.

Reue über die Vergangenheit kommt also nicht auf. Und wenn ihr die Vergangenheit nicht zu bereuen braucht, seid ihr frei von ihr. Eure Vergangenheit hält euch wie ein Krake in seinen Fangarmen, weil ihr ständig das Gefühl habt: „Das hätte ich nicht tun sollen", oder: „Das hätte ich tun sollen und habe es nicht getan." All diese Dinge ziehen euch andauernd rückwärts.

Ich sehe hinter mir nichts, keine Vergangenheit.

Wenn ich etwas über meine Vergangenheit sage, ist es einfach eine faktische Erinnerung, es ist keine psychologische Betroffenheit dabei. Ich erzähle euch davon, als ob ich über jemand anderen rede. Es sind einfach Fakten; es hat nichts mit persönlicher Betroffenheit zu tun. Es könnte jemand anderem zugestoßen sein, es könnte jemand anderem passiert sein.

Also vergeßt nicht: faktische Erinnerung versklavt nicht, wohl aber psychologische Erinnerung. Und psychologische Erinnerung besteht aus Dingen, die ihr getan habt, aber von denen ihr meint, oder konditioniert worden seid zu meinen, sie seien falsch. Dann entsteht eine Wunde, eine psychologische Wunde.[6]

SIEBENJAHRES-ZYKLEN IN FREIER UMDREHUNG

Wie kann man einem Kind beim Aufwachsen helfen?

Zunächst müßt ihr ein paar wichtige Muster verstehen, nach denen das menschliche Wachstum verläuft. Das Leben bewegt sich in Siebenjahreszyklen. Es verläuft in Siebenjahreskreisen, genauso wie sich die Erde in vierundzwanzig Stunden einmal um ihre Achse dreht. Niemand weiß, warum es nicht fünfundzwanzig oder dreiundzwanzig Stunden sind. Darauf gibt es keine Antwort; es ist einfach eine Tatsache.

Die Erde braucht 365 Tage für einen Umlauf um die Sonne. Warum gerade 365? Niemand weiß es, niemand braucht es zu wissen. Es macht keinen Unterschied. Welchen Unterschied würde es machen, wenn es vierhundert Tage wären oder dreihundert? Die Frage bliebe immer dieselbe: Warum?

Also denkt daran: Eine Fragestellung ist absurd, wenn mit jeder Antwort die gleiche Frage stehen bleibt. Die Erde dreht sich in vierundzwanzig Stunden einmal um ihre eigene Achse. Warum? Ihr könnt daraus fünfundzwanzig oder sechsundzwanzig, dreißig oder sechzig machen – so viel ihr wollt – die Frage bleibt immer bestehen: Warum? Deshalb nenne ich eine solche Frage absurd; sie bleibt immer gleich.

Also fragt mich nicht, warum das Leben in Siebenjahreszyklen verläuft. Ich weiß es nicht. Nur so viel weiß ich: Es verläuft in Siebenjahreszyklen. Und wenn ihr diese Siebenjahreszyklen versteht, werdet ihr auch eine Menge vom menschlichen Wachstum verstehen.

Die ersten sieben Jahre sind die wichtigsten, weil hier das Fundament für das ganze Leben gelegt wird. Das ist der Grund, warum alle Religionen sich so beeilen, die Kinder in ihren Griff zu bekommen.

Die Juden beschneiden das Kind. Was für ein Unsinn! Aber damit stempeln sie das Kind zum Juden; es ist eine sehr primitive Art des Abstempelns. Man macht das immer noch mit dem Vieh hier in der Gegend; ich habe die Stempel gesehen. Jeder Besitzer brandmarkt sein Vieh, damit es nicht verwechselt werden kann. Ein grausamer Brauch! Das Fell des Viehs wird mit einem glühenden Eisen markiert, die Haut wird versengt. Aber damit gehört es dir; es kann nicht verlorengehen, es kann nicht gestohlen werden.

Was ist Beschneidung? Das Brandmarken von Vieh. Nur daß hier die Juden das Vieh sind.

Die Hindus haben ihre eigenen Methoden. Jede Religion hat ihre eigenen Methoden. Aber es soll deutlich gemacht werden, wessen Vieh ihr seid, wer euer Hirte ist: Jesus? Moses? Mohammed? Ihr seid nicht euer eigener Herr.

Die ersten sieben Jahre sind die Jahre, in denen ihr konditioniert werdet, vollgestopft mit allen möglichen Vorstellungen, die euch euer Leben lang verfolgen, euch von eurem Potential ablenken, euch korrumpieren und euch niemals erlauben, klar zu sehen. Sie werden sich immer wie Wolken vor eure Augen schieben, sie werden alles vernebeln.

Die Dinge sind klar, sehr klar. Das Dasein ist absolut klar; nur auf euren Augen liegen Schichten über Schichten von Staub. All dieser Staub ist in den ersten sieben Jahren eures Lebens zusammengekommen, als ihr so unschuldig, so vertrauensvoll wart, daß ihr alles, was man euch erzählte, für wahr gehalten habt. Und alles, was so in euer Fundament eingegangen ist, könnt ihr später sehr schwer wiedererkennen. Es ist euch fast ins Blut, in die Knochen, ins innerste Mark übergegangen. Tausend andere Fragen werdet ihr stellen, aber niemals werdet ihr die Frage nach dem Ursprung eurer Überzeugungen stellen.

Die Liebe zum Kind drückt sich zu allererst darin aus, daß man es in seinen ersten sieben Jahren absolut unschuldig und unkonditioniert beläßt, es sieben Jahre lang vollkommen wild und heidnisch sein läßt.

Es sollte nicht zum Hinduismus, zum Islam oder zum Christentum bekehrt werden. Jeder, der ein Kind zu bekehren versucht, hat kein Mitgefühl, er ist grausam. Er vergiftet einen Neuankömmling auf dieser Erde im innersten Kern seiner Seele. Bevor das Kind überhaupt Fragen stellen kann, werden ihm schon Antworten in Form von vorgefertigten Philosophien, Dogmen und Ideologien geliefert. Das schafft eine sehr eigenartige Situation: Das Kind hat noch nicht nach Gott gefragt, und ihr belehrt es schon ständig über Gott. Warum so viel Ungeduld? Wartet!

Wenn das Kind eines Tages Interesse an Gott zeigt und anfängt, Fragen über Gott zu stellen, dann versucht nicht nur, ihm von eurer eigenen Vorstellung von Gott zu erzählen – denn niemand hat ein Monopol. Macht es mit sämtlichen Vorstellungen über Gott bekannt, die den verschiedenen Menschen in verschiedenen Epochen von verschiedenen Religionen, Kulturen und Zivilisationen angeboten worden sind.

Breitet alle Vorstellungen von Gott vor ihm aus und sagt ihm: „Du kannst dir aussuchen, welche dir am besten gefällt, oder du kannst dir deine eigene Vorstellung machen, wenn du keine passende findest. Wenn dir alle mangelhaft erscheinen und du meinst, daß du eine bessere Idee haben kannst, dann erfinde deine eigene. Oder wenn du gar keine Möglichkeit siehst, dir eine Vorstellung ohne Ungereimtheiten zu machen, dann laß die ganze Sache fallen. Es geht auch ohne. Der Mensch kann ohne Gott leben. Er ist nicht unbedingt notwendig.

Millionen von Menschen haben ohne Gott gelebt. Gott ist nicht etwas, was man unbedingt braucht. Ja, ich habe meine eigene Vorstellung; sie gehört auch zum Kaleidoskop all der Ideale in dieser Sammlung. Du kannst diese wählen, aber ich behaupte nicht, daß meine Vorstellung die richtige sei. Mir gefällt sie; aber dir mag sie nicht gefallen."

Es besteht keine innere Notwendigkeit, daß der Sohn mit dem Vater übereinstimmt. Im Gegenteil, es erscheint weitaus besser, wenn er nicht derselben Meinung ist. Nur so ist Evolution möglich. Wenn jedes Kind mit seinem Vater einer Meinung wäre, dann gäbe es keine Evolution; denn der Vater stimmt wiederum mit seinem eigenen Vater überein, und dann wären alle genau an dem Punkt, an dem Gott einst Adam und Eva stehen ließ – nackt vor den Toren des Gartens Eden. Alle stünden dort.

Nur weil die Söhne mit ihren Vätern und Vorvätern, mit ihrer gesamten Tradition nicht einverstanden waren, konnte sich der Mensch weiterentwickeln.

Unsere ganze Evolution ist eine ungeheure Ablehnung der Vergangenheit.

Je intelligenter du bist, um so weniger wirst du einverstanden sein. Aber die Eltern mögen das Kind, das ja sagt, und sie verurteilen das Kind, das nein sagt.

Wenn man ein Kind bis zum siebten Lebensjahr unschuldig und unverdorben von den Vorstellungen anderer aufwachsen läßt, dann ist es unmöglich, es von der Entwicklung seiner Anlagen abzubringen. In den ersten sieben Jahren ist das Kind am verletzlichsten, und in dieser Zeit ist es den Eltern, Lehrern und Priestern hilflos ausgeliefert. Wie man die Kinder vor den Eltern, Lehrern und Priestern schützen soll, ist eine Frage von so ungeheurem Ausmaß, daß es fast unmöglich erscheint, eine Lösung zu finden.

Die Frage ist nicht, wie man dem Kind helfen kann. Die Frage ist, wie man das Kind schützt.

Wenn du ein Kind hast, schütze es vor dir selbst. Schütze es vor andern, die Einfluß nehmen können. Schütze es – zumindest bis zu seinem siebten Lebensjahr.

Ein Kind ist wie eine kleine Pflanze: schwach und zart; ein starker Wind kann sie zerstören, jedes Tier kann sie auffressen. Man zieht einen schützenden Draht drumherum, aber damit sperrt man sie nicht ein, sondern beschützt sie nur. Wenn die Pflanze größer geworden ist, wird der Draht entfernt.

Bewahrt das Kind vor jeder Einflußnahme, so daß es sich selbst treu bleiben kann. Und es handelt sich nur um sieben Jahre, denn dann ist der erste Zyklus vollendet. Mit sieben Jahren ist das Kind dann geerdet, zentriert und stark genug.

Ihr habt keine Ahnung, wie stark ein siebenjähriges Kind sein kann, weil ihr keine unverdorbenen Kinder kennt. Ihr kennt nur korrumpierte Kinder. Sie sind mit den Ängsten und der Feigheit ihrer Väter, ihrer Mütter und Familien belastet. Sie sind nicht sie selbst.

Wenn ein Kind sieben Jahre lang unverdorben bleibt... Ihr würdet staunen, wenn ihr einem solchen Kind begegnet. Es wird so scharf sein wie ein Schwert. Seine Augen werden klar sein, seine Einsicht wird klar sein. Und ihr werdet eine ungeheure Kraft in ihm wahrnehmen, die ihr nicht einmal in einem siebzigjährigen Erwachsenen findet, weil er auf wackligen Fundamenten steht. Tatsächlich wird das Gebäude immer wackliger, je höher es wird.

Soviel Mut braucht ihr als Eltern – euch nicht einzumischen! Öffnet dem Kind die Türen in unbekannte Gefilde, so daß es selbst Entdeckungen machen kann. Es weiß nicht, was in ihm steckt. Keiner weiß das.

Es muß sich im Dunkeln vorantasten. Macht ihm keine Angst vor der Dunkelheit, macht ihm keine Angst vor Niederlagen, macht ihm keine Angst vor dem Unbekannten. Unterstützt es! Wenn es auf eine Reise ins Unbekannte geht, gebt ihm all eure Unterstützung, all eure Liebe, all euren Segen mit.

Beeinflußt es nicht mit euren Ängsten!

Ihr mögt Ängste haben, aber behaltet sie für euch. Ladet diese Ängste nicht auf das Kind ab, denn das wäre Einmischung.

Nach den ersten sieben Jahren fügt der nächste Siebenjahreszyklus dem Leben etwas Neues hinzu: die ersten Regungen der sexuellen Energien des Kindes. Aber das ist nur eine Art Theaterprobe.

Vater oder Mutter zu sein, ist eine schwierige Aufgabe. Darum werdet keine Eltern, wenn ihr nicht bereit seid, diese schwierige Aufgabe zu übernehmen. Immer wieder werden Leute zu Vätern und Müttern, ohne zu wissen, worauf sie sich einlassen. Ihr setzt ein Leben in die Welt;

alle erdenkliche Liebe und Fürsorge werden nötig sein.

Wenn das Kind anfängt, seine Sexualität zu erproben, ist das die Zeit, wo die Einmischung der Eltern am größten ist, denn mit ihnen selbst ist man genauso verfahren. Sie kennen nur das, was man ihnen selbst angetan hat. Deshalb machen sie genau dasselbe mit ihren Kindern.

Keine Gesellschaft erlaubt das Experimentieren auf sexuellem Gebiet, jedenfalls nicht bis zu diesem Jahrhundert – erst seit den letzten zwei, drei Jahrzehnten, und das auch nur in sehr fortschrittlichen Ländern. Jetzt gibt es Koedukation für Schulkinder. Aber in einem Land wie Indien beginnt die Koedukation selbst heute erst an der Universität.

Ein siebenjähriger Junge, ein siebenjähriges Mädchen dürfen nicht in dieselbe Schule gehen. Dabei ist das gerade die Zeit, in der man ihnen jede spielerische Freiheit lassen sollte, ohne Risiko, ohne daß das Mädchen schwanger wird, ohne Probleme für die Familien.

Ja, die Spiele werden sexuell gefärbt sein, aber es sind erst die Proben, nicht die wirkliche Aufführung. Aber wenn ihr ihnen nicht einmal die Proben gestattet und dann eines Tages plötzlich der Vorhang aufgeht und das wirkliche Drama beginnt... Und die Menschen wissen nicht einmal, was gespielt wird, noch nicht einmal ein Souffleur ist da, um ihnen zu sagen, was sie zu tun haben. Ihr habt ihr Leben völlig verpfuscht.

Diese sieben Jahre, der zweite Lebenszyklus, sind eine wichtige Probierphase. Die Kinder sollten sich treffen, beisammen sein, miteinander spielen, sich kennenlernen. Das wird der Menschheit helfen, fast neunzig Prozent aller Perversionen loszuwerden. Wenn es den Kindern von sieben bis vierzehn erlaubt ist, zusammenzusein, gemeinsam schwimmen zu gehen, voreinander nackt zu sein, werden neunzig Prozent aller Perversion und aller Pornographie einfach verschwinden. Wer will sich damit noch abgeben?

Wenn ein Junge so viele Mädchen nackt gesehen hat, was kann ihn dann an einem Magazin wie Playboy noch interessieren? Wenn ein Mädchen so viele nackte Jungen gesehen hat, sehe ich keine Möglichkeit, wie es noch neugierig auf das andere Geschlecht sein sollte; das wird einfach verschwinden.

Die Jugendlichen werden auf natürliche Weise zusammen aufwachsen, nicht wie zwei verschiedene Tierarten.

Aber so wachsen sie heutzutage auf: wie zwei ververschiedene Tiergattungen. Sie gehören nicht zu ein und derselben Menschheit. Sie werden getrennt gehalten. Tausend-und-eine Barriere wird zwischen ihnen errichtet, so daß sie ihr zukünftiges Sexualleben nicht vorher proben können.

Die Art, wie man Kinder großzieht, kommt fast einem Abtöten ihres ganzen Lebens gleich.

Diese sieben Jahre sexueller Erprobung sind absolut wesentlich. Mädchen und Jungen sollten in Schulen, Internaten, Schwimmbädern und Betten zusammen sein können. Sie sollten für das Leben, das auf sie zukommt, proben können. Sie müssen sich darauf vorbereiten. Und es besteht gar keine Gefahr, gar kein Problem, wenn man einem Kind völlige Freiheit läßt, seine wachsende sexuelle Energie zu entwickeln, wenn man es nicht verurteilt und nicht unterdrückt – wie es heute noch geschieht.

Es ist eine seltsame Welt, in der ihr lebt: Ihr werdet aus Sex geboren, ihr werdet für Sex leben, eure Kinder werden aus Sex hervorgehen – aber nichts wird so verdammt wie Sex. Er ist die größte Sünde. Und die

Religionen hören nicht auf, euch diesen Quatsch einzutrichtern.

All diese Menschen auf der ganzen Welt sind voll von allem erdenklichen Schrott, und das nur deshalb, weil man ihnen nicht erlaubt hat, auf eine natürliche Weise aufzuwachsen. Man hat ihnen nicht erlaubt, sich selbst zu akzeptieren.

Sie sind alle zu Gespenstern geworden. Sie sind keine authentischen wirklichen Menschen. Sie sind nur Schatten dessen, was sie hätten werden können. Sie sind nur Schatten.

Der zweite Siebenjahreszyklus ist ungeheuer wichtig, weil er euch auf die folgenden sieben Jahre vorbereitet. Wenn ihr eure Hausaufgaben richtig gemacht habt, wenn ihr mit eurer sexuellen Energie gespielt habt, mit einer sportlichen Einstellung – und in diesen Jahren ist das die einzig mögliche Einstellung – dann werdet ihr nicht pervers und nicht homosexuell.

Alle möglichen seltsamen Gedanken werden euch überhaupt nicht in den Sinn kommen, weil ihr mit dem andern Geschlecht auf natürliche Weise umgeht und umgekehrt genauso. Nichts steht euch im Weg, und ihr fügt niemandem Schaden zu. Ihr habt ein reines Gewissen, denn niemand hat euch Vorstellungen von richtig und falsch gegeben. Ihr seid einfach nur das, was ihr seid.

Im Alter zwischen vierzehn und einundzwanzig kommt ihr zur sexuellen Reife.

Und es ist wichtig, dies zu verstehen: Wenn die Probezeit gut verlaufen ist, geschieht in den sieben Jahren, in denen eure Sexualität heranreift, etwas sehr Merkwürdiges. Vielleicht habt ihr noch nie darüber nachgedacht, weil ihr nicht die Gelegenheit dazu bekommen habt. Ich habe gesagt, daß die zweite

Siebenjahresphase von sieben bis vierzehn euch einen Eindruck vom Vorspiel gibt.

In der dritten Siebenjahresphase bekommt ihr einen Eindruck vom Nachspiel... Ihr seid immer noch mit Mädchen oder Jungen zusammen, aber jetzt beginnt eine neue Phase eures Daseins: Ihr fangt an, euch zu verlieben.[7]

TEENAGER-REVOLUTION

Wie können Teenager eine Brücke zu ihren Eltern schlagen?

Als erstes: Teenager sollten ehrlich und aufrichtig sein, ohne Rücksicht auf die Folgen. Sie sollten ihren Eltern immer sagen, was sie fühlen – nicht arrogant, sondern bescheiden; sie sollten nichts vor ihren Eltern verbergen, denn genau das läßt die Kluft entstehen.

Eltern verbergen so vieles vor den Kindern, Kinder verbergen so vieles vor den Eltern, und die Kluft wird größer und größer.

Eines Tages ging ich zu meinem Vater und erklärte ihm: „Ich möchte anfangen, Zigaretten zu rauchen."

„Was?" sagte er.

Ich sagte: „Du mußt mir Geld für Zigaretten geben, denn ich möchte nicht stehlen müssen. Wenn du mir keins gibst, werde ich es stehlen, aber dann bist du dafür verantwortlich. Wenn du mir nicht erlaubst zu rauchen, werde ich trotzdem rauchen, aber heimlich. Und du machst mich zum Dieb. Du bist dann daran schuld, daß ich Dinge verheimliche und nicht ehrlich und offen bin. Ich sehe so viele Leute Zigaretten rauchen. Ich will es ausprobieren, und ich will die besten Zigaretten, die es gibt. Und die erste werde ich vor deinen Augen rauchen."

Er sagte: „Merkwürdig – aber was du sagst, macht Sinn. Wenn ich nein sage, stiehlst du. Wenn ich nein sage, rauchst du trotzdem. Mein Nein wird dazu führen, daß du noch mehr verbotene Dinge tust. Es tut mir weh. Ich möchte nicht, daß du anfängst zu rauchen."

Ich sagte: „Darum geht es nicht. Als ich die Leute rauchen sah, habe ich Lust auf Zigaretten gekriegt. Ich möchte herausfinden, ob es sich lohnt. Wenn es sich lohnt, wirst du mir ständig Zigaretten besorgen müssen. Wenn es sich nicht lohnt, ist die Sache für mich erledigt. Aber ich möchte erst abwarten, ob du dich weigerst. Dann liegt die ganze Verantwortung bei dir, denn ich will mich nicht schuldig fühlen."

Er mußte die besten Zigaretten kaufen, die es in der Stadt gab – widerwillig. Mein Onkel und mein Großvater sagten: „Was machst du da? Das tut man nicht!" Sie ließen nicht locker, aber er sagte: „Ich weiß, daß man das nicht tut. Aber ihr kennt ihn nicht so gut wie ich ihn kenne. Er wird genau das tun, was er sagt. Und ich respektiere seine Wahrheitsliebe, seine Ehrlichkeit. Er hat mir seine Absichten ganz klar gemacht. Und jetzt bedrängt mich nicht und versucht nicht, mich davon abzuhalten, denn sonst bekomme ich Schuldgefühle."

Ich rauchte die Zigarette, ich hustete, meine Augen tränten. Nicht einmal eine einzige Zigarette konnte ich zu Ende rauchen, und so ließ ich es bleiben. Ich sagte meinem Vater: „Für mich ist die Sache erledigt. Du brauchst dir jetzt keine Sorgen mehr zu machen. Ich möchte aber, daß du verstehst, daß ich über alles mit dir reden werde, was mich bewegt, damit ich nichts vor dir verheimlichen muß. Denn wenn ich sogar vor meinem Vater etwas verheimlichen muß, wem soll ich mich dann anvertrauen? Nein, ich will nicht, daß irgendetwas zwischen uns steht."

Und als er sah, daß Zigaretten für mich erledigt waren, traten Tränen in seine Augen. Er sagte: „Alle waren dagegen, aber durch deine Aufrichtigkeit war ich gezwungen, dir Zigaretten zu besorgen."

Wahrscheinlich hat kein Vater in ganz Indien jemals seinem Sohn Zigaretten angeboten. So etwas ist noch nicht vorgekommen. Väter rauchen nicht einmal vor den Augen ihrer Söhne, damit sie gar nicht erst auf den Gedanken kommen zu rauchen.

Teenager sind in einer sehr schwierigen Lage. Sie verändern sich. Sie lassen die Kindheit hinter sich, sie werden zu Jugendlichen. Jeden Tag öffnen sich ihnen neue Dimensionen im Leben. Sie sind im Wandel.

Teenager brauchen enorme Hilfe von ihren Eltern, doch so wie es heute aussieht, leben Eltern und Kinder aneinander vorbei. Sie leben im gleichen Haus, doch sie sprechen nicht miteinander, weil keiner die Sprache des andern verstehen kann, weil keiner die Ansichten des andern verstehen kann. Sie treffen sich nur noch, wenn der Junge oder das Mädchen Geld braucht, ansonsten gibt es keinen Kontakt. Die Kluft wird immer größer, sie werden sich so fremd, wie man sich nur vorstellen kann.

Das ist wirklich eine Katastrophe. Man sollte den Teenagern Mut machen, alles zu sagen. Dies wird nicht nur den Kindern helfen, es wird auch den Eltern helfen.

Wahrheit hat ihre eigene Schönheit, Ehrlichkeit hat ihre eigene Schönheit. Und wenn Teenager aufrichtig, ehrlich und wahrhaftig zu ihren Eltern sind und einfach ihre Herzen öffnen, löst das auch in den Eltern etwas aus, und auch ihre Herzen öffnen sich. Denn auch sie sind mit vielen Dingen belastet, die sie sagen möchten, aber nicht sagen können – die Gesellschaft verbietet es, die Religion verbietet es, die Verhaltensregeln verbieten es. Aber wenn sie Teenager sehen, die ganz offen und klar sind, wird ihnen das helfen, selber offen und klar zu werden.

Und den vieldiskutierten sogenannten Generationskonflikt kann man einfach vergessen, er löst sich dann von selbst.

Den meisten Ärger gibt es um den Sex. Kinder müßten wirklich alles sagen können, was ihnen durch den Kopf geht. Es besteht kein Grund, etwas zu verbergen, denn alles, was ihnen durch den Kopf geht, ist natürlich. Sie sollten ihre Eltern um Rat fragen: Was soll ich tun? Sie sind in einer schwierigen Phase und brauchen Hilfe. Und zu wem sonst können sie gehen, als zu ihren Eltern?

Wenn ich irgendein Problem hatte, habe ich es einfach meinen Eltern erzählt. Und das genau ist mein Vorschlag: Die Jugendlichen sollten nichts vor ihren Eltern und Lehrern verbergen. Sie sollten vollkommen ehrlich sein, und der Generationskonflikt wird sich in nichts auflösen.

Und wir müssen den Generationskonflikt auflösen, denn was ist das für eine Gesellschaft? Es gibt keinen Kontakt zwischen Eltern und Kindern, es gibt keinen Kontakt zwischen Ehemann und Ehefrau, keinen Kontakt zwischen Lehrern und Schülern. Wo man hinsieht – Kontaktlosigkeit. Jeder ist von tiefen Gräben umgeben, als wäre jede Verständigung zusammengebrochen. Das ist keine Gesellschaft, das ist keine Gemeinschaft, denn es fehlt jede Verständigung. Niemand findet das richtige

Wort, alle sind unterdrückt. Jeder verdrängt seine Wünsche, und jeder ist wütend, jeder fühlt sich einsam und frustriert. Wir haben eine wütende Generation hervorgebracht. Wir haben Philosophen der Sinnlosigkeit hervorgebracht. Und der Grund für all das ist, daß die Kinder den Kontakt mit den Eltern verloren haben.

Kinder können enorm viel bewirken, und sie haben auch den Mut dazu. Eltern sind vielleicht nicht dazu imstande, sie sind zu sehr festgelegt. Die Teenager sind jung und frisch. Bringt ihnen einfach bei, ehrlich zu ihren Eltern zu sein.

Ich hatte mit meinem Vater einen Vertrag gemacht. Ich sagte zu ihm: „Ich möchte einen Vertrag mit dir schließen."

Er sagte: „Worüber?"

Ich sagte: „Der Vertrag legt fest, daß du mich belohnen mußt, wenn ich die Wahrheit sage und mich nicht bestrafst. Denn wenn du mich bestrafst, werde ich das nächste Mal nicht die Wahrheit sagen."

Denn genau das geschieht überall auf der Welt: Die Wahrheit wird bestraft, deshalb hört jeder auf, die Wahrheit zu sagen. Alle fangen an zu lügen, denn das Lügen wird belohnt.

Ich sagte also zu ihm: „Du kannst dich entscheiden. Wenn du willst, daß ich lüge, kann ich lügen – wenn es das ist, was du belohnen willst. Aber wenn du bereit bist, die Wahrheit zu belohnen, werde ich die Wahrheit sagen. Doch dann darfst du mich nicht dafür bestrafen."

Er sagte: „Ich nehme den Vertrag an."

Es ist eine einfache Methode. Wenn ihr euch euren eigenen Eltern gegenüber nicht offen zeigen könnt... jeder andere in dieser Welt ist euch fremder als sie. Dein Vater und deine Mutter sind auch Fremde, aber sie sind euch die nächsten, die vertrautesten Fremden.

Zeigt euch ihnen so, wie ihr seid, dann gibt es keine Kluft. Das wird ihnen auch helfen, ehrlich zu sein. Haltet euch immer vor Augen, daß Aufrichtigkeit, Ehrlichkeit, Wahrheit im andern dieselben Eigenschaften auslösen.

In so jungen Jahren ist man sehr schüchtern, unsicher und unentschlossen. Die Eltern sind meist keine große Hilfe. Wie kann man da eine innere Stärke entwickeln?

Alle Schüchternheit hat im Grunde mit Sex zu tun. Sobald Kinder in sexuellen Dingen völlige Freiheit bekommen, wird man eine Riesenveränderung erleben. Plötzlich sind sie gar nicht mehr schüchtern, zeigen plötzlich Entschlossenheit ohne jegliches Training zur Entschlossenheit! Denn eine große psychologische Last ist von ihnen genommen worden; eine große psychologische Spannung ist entschärft worden.

Ich finde nicht, daß man Kinder zur Entschlossenheit erziehen muß. Sie brauchen nur eines: Freiheit in Liebesdingen. Und heute wo es die Pille gibt, braucht kein Mädchen Angst vor Schwangerschaft zu haben. Es ist einfach ein Sport, eine Spielerei. Das wird in Jungen und Mädchen eine Stärke zum Vorschein bringen, die man nie und nimmer mit ihrer Sexualität in Zusammenhang gebracht hätte. Sex macht die Leute nur dann nervös, wenn sie unterdrückt sind. Wenn sie sexuell unterdrückt sind, werden sie in allem unsicher. Sie wissen nicht, was zu tun und was zu lassen ist; denn in einer ganz grundlegenden Sache dürfen sie keine Entscheidung treffen; grundlegend deshalb, weil sie das Leben selbst betrifft.

Meine Beobachtung ist, daß Kinder, sobald sie in sexuellen Dingen Freiheit bekommen, und Sex als völlig normal akzeptiert wird – was er ja ist – eine ganz enorme Entschlossenheit auch in anderen Dingen an den Tag legen. Denn jetzt sind sie zum ersten Mal nicht unterdrückt. Nur Unterdrückung führt zu allen möglichen Verklemmungen, Schüchternheit, Unentschlossenheit... weil sie tief drinnen gegen ihre eigene Natur ankämpfen.

Wenn es keinen inneren Kampf gibt und keinen inneren Zwiespalt – ihre Individualität ist wie aus einem Guß – dann werdet ihr ein ganz neues Kind vor euch haben, ein Kind mit einer enormen Stärke, Entschlossenheit, ohne Scheu.

Diese Frage löst sich also von selbst, wenn die erste Frage gelöst ist.[8]

WER HÄLT WEN ZUM NARREN?

Wie können wir gute Eltern sein?

Es gibt nur eins, was ihr meiner Meinung nach für eure Kinder tun könnt, und das ist: Erzählt ihnen von eurem eigenen Leben. Erzählt ihnen, daß ihr von euren Eltern konditioniert worden seid, daß ihr innerhalb bestimmter Grenzen gelebt und euch an bestimmten Idealen orientiert habt und daß ihr wegen dieser Begrenzungen und Ideale euer Leben völlig verpaßt habt. Ihr wollt das Leben eurer Kinder nicht auf diese Weise zerstören. Ihr wollt, daß sie völlig frei sind – frei von euch, denn für sie repräsentiert ihr die gesamte Vergangenheit.

Ein Vater, eine Mutter brauchen Mut und unermeßliche Liebe, um ihren Kindern sagen zu können: „Ihr müßt euch von uns freimachen. Gehorcht uns nicht, verlaßt euch auf eure eigene Intelligenz. Selbst wenn ihr in die Irre geht, ist das viel besser, als ein Sklave zu bleiben und immer richtig zu handeln. Es ist besser, selbständig Fehler zu begehen und aus ihnen zu lernen, als jemand anderem zu folgen und keine Fehler zu machen. Sonst werdet ihr niemals etwas anderes lernen als zu folgen – und das ist Gift, reines Gift."

Wenn ihr liebt, ist das sehr einfach. Fragt nicht „wie", denn „wie" heißt nach einer Methode fragen, einer Technik – und Liebe ist keine Technik.

Liebt eure Kinder und freut euch an ihrer Freiheit. Laßt sie Fehler machen. Helft ihnen zu erkennen, wo sie Fehler gemacht haben. Sagt ihnen: „Es ist nicht verkehrt, Fehler zu machen. Macht so viele Fehler wie möglich, denn auf diese Weise lernt man dazu. Aber begeht nicht immer wieder dieselben Fehler, denn das macht dumm."

Auf diese Frage bekommt ihr von mir also keine einfache Antwort. Ihr müßt es im Zusammenleben mit euren Kindern von Moment zu Moment herausfinden, indem ihr ihnen auch in kleinen Dingen jede mögliche Freiheit einräumt.

Man sollte sich von dem Grundsatz leiten lassen, den Kindern zu helfen, auf ihren Körper, auf ihre eigenen Bedürfnisse zu hören. Die Hauptfunktion der Eltern ist es, die Kinder davor zu schützen, in „den Graben" zu fallen. Die Funktion ihrer Disziplin ist passiv.

Beachtet das Wort „passiv": kein aktives Programmieren, sondern nur ein passives Beschützen; denn Kinder sind Kinder und können in Situationen geraten, wo sie sich selbst schaden oder zum Krüppel machen. Selbst dann verbietet es ihnen nicht einfach, sondern erklärt es ihnen. Macht es nicht zu einer Frage von Gehorsam. Laßt ihnen immer noch die Wahl. Erklärt einfach die ganze Situation.

Kinder sind sehr empfänglich. Wenn ihr sie respektvoll behandelt, sind sie bereit zuzuhören, bereit zu verstehen; und danach überlaßt sie ihrem eigenen

Verständnis. Es ist nur eine Frage von ein paar Jahren am Anfang. Bald schon werden sie in ihrer eigenen Intelligenz verankert sein, und euer Schutz ist überhaupt nicht mehr nötig. Bald schon sind sie in der Lage, sich selbständig zu bewegen.

Ich verstehe die Angst der Eltern, die Kinder könnten in eine Richtung gehen, die den Eltern nicht gefällt – aber das ist euer Problem. Eure Kinder werden nicht für eure Vorlieben und Abneigungen geboren. Sie haben ihr eigenes Leben zu leben – und ihr solltet froh sein, daß sie ihr Leben leben, was immer es auch sein mag.

Wenn man sein eigenes Potential verwirklicht, macht man immer das Beste aus sich. Wenn man das eigene Potential mißachtet, bleibt man mittelmäßig. Die ganze Gesellschaft besteht nur deshalb aus mittelmäßigen Menschen, weil niemand das wird, wozu er bestimmt ist. Jeder ist etwas anderes geworden. Und was er auch anfängt, er kann nie das Beste aus sich machen, er kann keine Erfüllung finden, er kann nicht froh werden.

Die Aufgabe der Eltern ist also sehr heikel und sie ist bedeutsam, denn das ganze Leben des Kindes hängt davon ab. Gebt ihm kein fertiges Programm, sondern helft ihm nach seinen eigenen Vorstellungen.

Vater und Mutter haben eine großartige Aufgabe, denn sie bringen einen neuen Gast in die Welt, der zwar nichts weiß, aber ein Potential mitbringt. Und wenn sein Potential sich nicht entwickelt, wird das Kind unglücklich bleiben.

Eltern mögen die Vorstellung nicht, ihre Kinder könnten unglücklich bleiben; sie wollen ihre Kinder glücklich sehen – nur denken sie in die falsche Richtung. Sie glauben, daß ihre Kinder glücklich werden, wenn sie Ärzte, Professoren, Ingenieure oder Wissenschaftler sind.

Sie haben keine Ahnung! Die Kinder können nur

glücklich sein, wenn sie das werden, wozu sie gekommen sind. Sie können nur das werden, was sie als Same in sich tragen.

Helft ihnen also auf jede erdenkliche Art, und gebt ihnen Freiheit und Entfaltungsmöglichkeiten. Wenn ein Kind seine Mutter etwas fragt, sagt sie normalerweise nein, ohne überhaupt hinzuhören. „Nein" ist ein autoritäres Wort, „ja" dagegen nicht. Deshalb sagt kein Vater, keine Mutter oder sonst eine Autoritätsperson gern ja zu irgendeiner banalen Sache. Das Kind möchte draußen spielen: „Nein!" Das Kind möchte raus in den Regen, möchte im Regen tanzen: „Nein. Du wirst dir eine Erkältung holen." Eine Erkältung ist kein Krebs. Aber ein Kind, das man gehindert hat, im Regen zu tanzen und das nie wieder im Regen tanzen konnte, hat etwas Großartiges verpaßt, etwas wirklich Schönes. Es wäre eine Erkältung wert gewesen – und wer weiß, ob es sich überhaupt erkältet hätte. In Wirklichkeit wird das Kind um so anfälliger, je mehr man es schützt. Je mehr man ihm erlaubt, um so mehr wird es immun.

Eltern müssen lernen, ja zu sagen. In neunundneunzig Prozent der Fälle, wo sie gewöhnlich nein sagen, tun sie das nur, um ihre Autorität zu demonstrieren. Nicht jeder kann Präsident eines Landes werden, Autorität über Millionen von Menschen haben. Aber jeder kann Ehemann werden, kann Autorität über seine Frau ausüben; jede Ehefrau kann Mutter werden und Autorität über ihr Kind haben. Jedes Kind kann einen Teddybär haben und Autorität über den Teddybär ausüben, ihn von einer Ecke in die andere stoßen, ihn verhauen – so verhauen, wie es in Wirklichkeit Vater und Mutter verhauen möchte. Und der arme Teddybär hat niemanden unter sich.

Wir leben in einer autoritären Gesellschaft.

Was ich mit alldem sagen will, ist, daß die autoritäre

Gesellschaft sich auflösen wird, wenn wir Kinder heranziehen, die Freiheit haben, die „Ja" gehört haben und selten ein „Nein". Dann werden wir eine menschlichere Gesellschaft haben.[9]

TEIL III

EIN NEUES MORGEN

DIE FAMILIE – GEFANGENE DER LIEBE

Die Familie ist seit Jahrtausenden die Grundeinheit der Gesellschaft, aber du bezweifelst ihren Wert für deine neue Welt. Was kann sie deiner Vorstellung nach ersetzen?

Der Mensch ist über die Familie hinausgewachsen. Mit der Nützlichkeit der Familie ist es vorbei; sie hat sich überlebt. Sie ist eine der ältesten Institutionen, deshalb können nur sehr scharfsichtige Menschen erkennen, daß sie längst tot ist. Andere brauchen etwas länger, bis sie die Tatsache erkennen, daß die Familie tot ist.

Sie hat ihre Aufgabe erfüllt. In der heutigen Situation ist sie bedeutungslos geworden – bedeutungslos für die neue Menschheit, deren Geburt wir gerade erleben.

Die Familie hatte ihr Gutes und ihr Schlechtes. Sie war eine große Hilfe; der Mensch hat durch sie überlebt. Aber sie hat auch Schaden angerichtet, denn sie hat das Denken der Menschen korrumpiert. Doch in der Vergangenheit gab es keine Alternative, es gab keine andere

Wahl. Sie war ein notwendiges Übel. Das braucht in Zukunft nicht so zu sein. In der Zukunft kann es andere Lebensweisen geben.

Meiner Vorstellung nach wird es in Zukunft nicht nur ein einziges, festgelegtes Muster geben, sondern viele, viele verschiedene Lebensformen. Wenn ein paar wenige Leute immer noch die Familie vorziehen, sollten sie die Freiheit dazu haben. Es wird nur ein sehr geringer Prozentsatz sein. Es gibt Familien auf der Erde – wenn auch sehr selten, höchstens ein Prozent – die wirklich schön und wohltuend sind, die ein Wachstum möglich machen, in denen es keine Autorität gibt, keine Machtspiele, keine Besitzansprüche, in denen Kinder nicht kaputtgemacht werden, in denen die Frau nicht versucht, ihren Mann kleinzukriegen und der Mann nicht seine Frau, in denen es Liebe gibt und Freiheit, in denen sich Menschen aus Freude zusammengefunden haben und aus keinem anderen Grund – in denen es keine Politik gibt. Ja, diese Art von Familien hat es auf der Welt gegeben, und es gibt sie noch. Für diese Menschen braucht sich nichts zu ändern. Sie können auch in Zukunft weiter in Familien leben.

Aber für die große Mehrheit ist die Familie eine häßliche Angelegenheit. Ihr könnt die Psychoanalytiker fragen, und sie werden sagen: Jede Art von Geisteskrankheit entsteht durch die Familie. Alle Arten von Psychosen und Neurosen entstehen durch die Familie. Die Familie erzeugt einen sehr, sehr kranken Menschen.

Das braucht nicht so sein. Es sollten Alternativen offen stehen. Für mich ist die Kommune eine solche alternative Form – und zwar die beste.

Kommune bedeutet: Menschen leben in einer losen Familie zusammen. Die Kinder gehören zur Kommune, sie gehören zu allen. Es gibt kein persönliches Eigentum, kein persönliches Ego. Ein Mann lebt mit einer Frau, weil sie gerne zusammenleben, weil sie sich lieben und es genießen. Sobald sie feststellen, daß ihre Liebe vergangen ist, halten sie nicht länger aneinander fest. Sie trennen sich in aller Freundschaft und Dankbarkeit und fangen an, mit anderen Leuten zusammenzusein. In der Vergangenheit war das einzige Problem: Was geschieht mit den Kindern?

In einer Kommune gehören die Kinder zur Kommune, und das ist viel besser so. Bei so vielen verschiedenen Menschen haben sie viel mehr Möglichkeiten, sich zu entwickeln. Sonst wächst ein Kind immer bei der Mutter auf. Jahrelang sind Mutter und Vater die einzigen Menschen, an denen sich das Kind orientiert. Natürlich fängt es an, sie zu imitieren. Die Kinder ahmen ihre Väter nach und verbreiten so dieselbe Krankheit in der Welt, an der schon ihre Eltern gelitten haben. Sie werden zu bloßen Kopien. Das ist äußerst destruktiv. Und den Kindern bleibt nichts anderes übrig – sie haben keine andere Informationsquelle.

Wenn hundert Leute in einer Kommune zusammenleben, dann gibt es eine große Zahl von weiblichen und männlichen Mitgliedern; das Kind braucht sich also nicht ausschließlich auf ein Verhaltensmuster festlegen. Es kann von seinem Vater lernen, von seinen Onkeln, von allen Männern in der Kommune. Es wird eine größere Seele haben.

Die Familie erdrückt den Menschen und engt seine Seele ein. In der Kommune hat das Kind eine größere Seele. Es hat mehr Möglichkeiten, sein Dasein wird um vieles bereichert. Es erlebt viele Frauen, und so bekommt es nicht nur eine einzige Vorstellung von der Frau. Es ist sehr schädlich, nur eine einzige Vorstellung von der Frau zu haben: Dein ganzes Leben lang wirst du nur nach deiner Mutter suchen. Immer wenn du dich in eine Frau verliebst, gib acht! Es ist sehr gut möglich, daß du jemanden gefunden hast, der deiner Mutter ähnlich ist – und genau das solltest du wohl besser vermeiden.

Jedes Kind ist wütend auf seine Mutter. Die Mutter muß vieles verbieten, die Mutter muß oft nein sagen, das ist unvermeidbar. Selbst eine gute Mutter muß manchmal nein sagen, sie muß einschränken und verweigern. Das Kind empfindet Ärger und Wut. Es haßt die Mutter und es liebt sie gleichzeitig, denn es braucht sie zum Überleben, sie ist seine Lebens- und Energiequelle. Also haßt das Kind die Mutter und gleichzeitig liebt es sie. Und das wird sein Muster. Du liebst eine Frau und du haßt sie auch – du kannst gar nicht anders. Immer wieder wirst du unbewußt nach deiner Mutter suchen. Und das passiert den Frauen genauso: Sie suchen immer den Vater. Ihr ganzes Leben wird zu einer Suche nach dem Pappi als Ehemann.

Nun ist aber dein Pappi nicht der einzige Mensch auf der Welt; die Welt ist viel reicher. Und selbst wenn du tatsächlich den Pappi findest, bist du auch nicht glücklich. Glücklich werden kannst du nur mit einem Geliebten, einem Liebhaber, aber nicht mit deinem Pappi. Selbst wenn du deine Mutter findest, bist du nicht mit ihr glücklich. Du kennst sie ja schon, es gibt nichts Neues mehr zu entdecken. Sie ist dir schon sattsam bekannt, und alles Bekannte führt zu Verachtung. Du solltest dir etwas Neues suchen, aber du kannst dir keine Vorstellung davon machen.

In einer Kommune hat das Kind eine reichere Seele. Es kennt viele Frauen und viele Männer; es ist nicht auf ein oder zwei Personen fixiert. Die Familie erzeugt in dir eine fixe Idee, und diese fixe Idee ist unmenschlich. Wenn dein Vater mit jemandem streitet – ob er nun im

Recht ist oder im Unrecht spielt keine Rolle – du mußt dich auf die Seite deines Vaters stellen und zu ihm halten. Das Motto: „Ob Recht oder Unrecht, mein Land ist mein Land!" gilt auch hier: „Mein Vater ist mein Vater, egal ob er recht hat oder nicht. Meine Mutter ist meine Mutter, ich muß zu ihr halten." Alles andere wäre Verrat.

So lernst du, ungerecht zu sein. Du erlebst, wie deine Mutter mit der Nachbarin streitet, und dir ist klar, daß deine Mutter im Unrecht ist und die Nachbarin im Recht – aber du mußt zu deiner Mutter halten. So lernst du ein ungerechtes Leben.

In einer Kommune bist du nicht zu sehr an eine Familie gebunden. Es gibt gar keine Familie, an die du gebunden sein könntest. Du bist freier und weniger fixiert. Du bist gerechter. Und du bekommst Liebe aus vielen Quellen, und du erfährst das Leben als liebevoll. Die Familie lehrt dich eine Art Konflikt mit der Gesellschaft, mit anderen Familien. Die Familie beansprucht das Monopol. Sie verlangt von dir, daß du für sie und gegen alle andern bist. Du mußt dich in den Dienst der Familie stellen. Du mußt ständig für den guten Namen und die Ehre der Familie kämpfen. Die Familie lehrt dich Ehrgeiz, Konflikt, Aggression. In einer Kommune bist du weniger aggressiv, du fühlst dich wohler mit der Welt, weil du so viele Leute kennst.

Und genau das möchte ich hier schaffen – eine Kommune, in der alle Freunde sind. Selbst Eheleute sollten nichts weiter als Freunde sein. Ihre Ehe sollte nur eine Abmachung untereinander sein. Sie haben beschlossen zusammenzusein, weil sie zusammen glücklich sind. Sobald auch nur einer von beiden sich nicht mehr glücklich fühlt, sollten sie sich trennen. Eine Scheidung ist überflüssig. Weil es keine Heirat gibt, gibt es auch keine Scheidung mehr. Jeder lebt spontan.

Wenn du unglücklich lebst, gewöhnst du dich mit der Zeit an dein Unglück. Aber man sollte niemals, keinen einzigen Augenblick lang, Unglück in Kauf nehmen. Früher mag es schön gewesen sein und eine einzige Freude, mit diesem Mann zu leben, aber wenn es jetzt keine Freude mehr macht, dann mußt du aus dieser Situation heraus. Und du brauchst nicht wütend und destruktiv zu werden, und du brauchst nicht nachtragend zu sein – an der Liebe ist nichts zu drehen.

Liebe ist wie ein Windhauch. Du siehst: sie kommt einfach so. Wenn sie da ist, ist sie da. Dann ist sie wieder fort. Und wenn sie fort ist, ist sie fort. Liebe ist ein Geheimnis; man kann sie nicht manipulieren. Liebe darf man nicht manipulieren, Liebe darf man nicht legalisieren, Liebe darf man nicht erzwingen – unter gar keinen Umständen.

In einer Kommune leben die Menschen zusammen aus reiner Freude am Zusammenleben, aus keinem anderen Grund. Und wenn die Freude nicht mehr da ist, trennen sie sich. So traurig das sein mag, sie müssen sich trennen. Vielleicht hängen sie noch an ihren Erinnerungen von früher, aber die Trennung muß sein. Sie sind es einander schuldig, nicht im Unglück zu leben, sonst wird das Unglück zur Gewohnheit. Sie trennen sich schweren Herzens, aber ohne Groll. Sie werden sich neue Partner suchen.

In Zukunft wird es keine Ehe mehr geben so wie früher und auch keine Scheidung wie früher. Das Leben wird fließender sein, vertrauender. Wir werden mehr auf die Geheimnisse des Lebens als auf die Klarheit der Gesetze vertrauen, werden mehr auf das Leben selbst als auf irgend etwas sonst vertrauen – das Gericht, die Polizei, den Priester, die Kirche. Und die Kinder sollten allen gehören, sie sollten nicht die Stempel ihrer Familie tragen. Sie gehören zur Kommune, und die Kommune sorgt für sie.

Das wird der revolutionärste Schritt in der Geschichte der Menschheit sein: wenn die Menschen anfangen, in Kommunen zu leben, wenn sie anfangen, wahrhaftig, ehrlich und voll Vertrauen zu sein und mehr und mehr auf das Gesetz zu verzichten.

In der Familie verschwindet früher oder später die Liebe. Möglicherweise hat sie von Anfang an gefehlt. Vielleicht war es eine arrangierte Ehe – aus anderen Motiven, wie Geld, Macht oder Ansehen. Vielleicht war von Anfang an keine Liebe vorhanden. Dann werden Kinder aus einer solchen Ehe geboren, die an sich schon eine Totgeburt ist – Kinder, aus Lieblosigkeit geboren. Von Anfang an gleichen sie einer Wüste. Und durch dieses Zuhause ohne Liebe werden sie abgestumpft und lieblos. Die erste Lebenslektion lernen sie von den Eltern, und die Eltern sind ohne Liebe: ständig nur Eifersucht, Streit und Ärger... Die Kinder sehen immer wieder nur diese häßlichen Seiten ihrer Eltern.

Ihre Hoffnung wird im Keim erstickt. Sie können nicht glauben, daß es in ihrem Leben Liebe geben wird, denn auch im Leben ihrer Eltern hat es keine Liebe gegeben. Und sie sehen es auch bei anderen Eltern, bei anderen Familien. Kinder sind sehr scharfsinnig; sie schauen sich immer genau um und beobachten alles. Wenn sie keine Möglichkeit für Liebe sehen, beginnen sie zu glauben, daß Liebe nur in Gedichten vorkommt, daß sie nur für Dichter und Phantasten existiert, daß sie im wirklichen Leben keinen Platz hat. Und wenn sich erst einmal der Gedanke festgesetzt hat, daß Liebe nur Poesie ist, dann wird man sie nie erleben, weil man sich ihr verschlossen hat.

Nur dadurch, daß man Liebe miterlebt, kann man sich später selbst der Liebe öffnen. Wenn du deine Eltern in tiefer Liebe, in großer Liebe erlebt hast, wenn du gesehen hast, wie sie voll Mitgefühl und Achtung füreinander sorgen, dann hast du Liebe gesehen. Es gibt dir Hoffnung. Ein Samenkorn fällt in dein Herz und beginnt dort zu wachsen. Und du weißt, es wird auch mit dir geschehen.

Wenn du keine Liebe erfahren hast, wie kannst du dann glauben, daß sie auch dir geschehen kann? Wenn deine Eltern sie nicht erlebt haben, wie kannst du sie dann erleben? Im Gegenteil, du wirst alles daransetzen, um zu verhindern, daß dir Liebe begegnet – es wäre ein Verrat an deinen Eltern. Genau das habe ich an den Leuten beobachtet: Frauen sagen sich tief in ihrem Unterbewußten: „Siehst du Mutter, ich leide genauso, wie du gelitten hast."

Und die Söhne sagen sich im späteren Leben: „Keine Angst, Vater. Mein Leben ist genauso unglücklich wie deins. Ich bin nicht über dich hinausgewachsen. Ich habe dich nicht verraten. Schau, ich mache genau dasselbe, was du mit meiner Mutter gemacht hast; ich mache genau dasselbe mit der Mutter meiner Kinder. Und was du mit mir gemacht hast, mache ich mit meinen Kindern. Ich erziehe sie genauso, wie du mich erzogen hast."

Jede Generation gibt ihre Neurosen an die Menschen weiter, die neu auf die Welt kommen. Und so lebt die Gesellschaft fort mit all ihrem Wahnsinn und all ihrem Unglück.

Nein, jetzt brauchen wir etwas ganz anderes. Der Mensch ist erwachsen geworden, und die Familie gehört der Vergangenheit an; sie hat tatsächlich keine Zukunft mehr.

Die Kommune kann die Familie ersetzen, und sie wird ein viel größerer Segen sein.

Aber in einer Kommune können nur meditative Menschen zusammenleben. Nur wenn du weißt, wie man das Leben feiert, kannst du mit andern zusammensein. Nur wenn du den Zustand kennst, den ich Meditation nenne, kannst du mit andern zusammenleben und liebevoll sein. Du mußt den alten Unfug einer monopolisierten Liebe aufgeben, nur dann kannst du in einer Kommune leben. Wenn du weiterhin an deiner alten Monopolvorstellung festhältst – daß deine Frau die Hand keines andern halten darf, daß dein Mann mit keiner anderen lachen darf – wenn du solch unsinnige Ideen im Kopf hast, dann kannst du nicht in einer Kommune leben.

Es ist gut, wenn dein Mann mit einer anderen lacht. Dein Mann lacht, und Lachen ist immer gut, egal mit wem. Lachen ist gut, Lachen ist wertvoll. Wenn deine Frau mit einem anderen Händchen hält – wunderbar. Da strömt Wärme, und dieser Wärmestrom ist gut, er ist wertvoll. Mit wem es passiert, ist nebensächlich. Und wenn es deiner Frau mit vielen Leuten so geht, dann geht es auch euch beiden so. Wenn es mit anderen nicht mehr passiert, hört es auch zwischen euch beiden auf.

Diese ganze alte Vorstellung ist so dumm! Es ist so, als würdest du deinem Mann beim Abschied sagen: „Du darfst nirgendwo anders atmen. Wenn du heimkommst, kannst du atmen, soviel du willst, aber atmen darfst du nur, wenn du mit mir zusammen bist. Draußen mußt du die Luft anhalten; du mußt ein Yogi werden. Ich will nicht, daß du anderswo atmest." Ist das nicht lächerlich? Aber warum sollte es mit der Liebe anders sein als mit dem Atmen? Liebe ist Atmen.

Der Atem ist das Leben des Körpers, und die Liebe ist

das Leben der Seele. Sie ist viel wichtiger als Atmen. Jetzt erwartest du, wenn dein Mann aus dem Haus geht, daß er mit niemandem lacht, jedenfalls nicht mit einer anderen Frau. Er soll zu niemand anderem liebevoll sein. Er ist also dreiundzwanzig Stunden lang lieblos und die eine Stunde, die er mit dir ins Bett geht, täuscht er Liebe vor. Du hast seine Liebe abgewürgt. Sie fließt nicht mehr. Meinst du, wenn er 23 Stunden am Tag den Yogi spielen muß, ängstlich seine Liebe unterdrücken muß, dann könnte er sich für eine Stunde gehenlassen? Das ist unmöglich. Erst zerstörst du den Mann, zerstörst du die Frau und dann hast du die Nase voll und langweilst dich. Dann meinst du: „Er liebt mich nicht mehr!" Und dabei hast du selbst die ganze Situation geschaffen.... Und dann meint er allmählich, daß du ihn nicht mehr liebst, und plötzlich seid ihr nicht mehr so glücklich wie früher.

Wenn sich zwei Leute am Strand, in einem Park treffen, wenn sie ein Rendezvous haben, dann ist nichts festgelegt, alles ist noch offen; beide sind sie sehr glücklich. Warum? Weil sie frei sind. Ein Vogel im Flug ist eine Sache – und derselbe Vogel im Käfig ist etwas ganz anderes. Sie sind glücklich, weil sie frei sind.

Der Mensch kann nicht glücklich sein ohne Freiheit, und eure alte Familienstruktur hat alle Freiheit zerstört. Und weil diese Struktur die Freiheit zerstört hat, hat sie auch das Glück und die Liebe zestört. Sie war eine Art Überlebensmaßnahme. Ja, sie hat in gewisser Weise den Körper geschützt, aber sie hat die Seele zerstört. Jetzt wird sie nicht mehr gebraucht. Wir müssen auch die Seele schützen, und das ist sehr viel wesentlicher und sehr viel wichtiger.

Die Familie hat keine Zukunft mehr, jedenfalls nicht in dem Sinne, wie sie bisher verstanden wurde. Wohl aber gibt es eine Zukunft für die Liebe und für Liebesbeziehungen. „Ehemann" und „Ehefrau" werden bald Schimpfwörter sein.

Und sobald du den Mann oder die Frau für dich alleine haben willst, tust du dasselbe automatisch auch mit deinen Kindern. Ich stimme völlig mit Thomas Gordon überein, wenn er sagt: „Ich halte alle Eltern für potentielle Kinderquäler, da die grundlegende Methode, Kinder zu erziehen, auf Macht und Autorität beruht. Ich halte es für destruktiv, wenn viele Eltern der Auffassung sind: Das ist mein Kind und mit meinem Kind kann ich machen, was ich will." Ein Kind ist kein Ding, es ist kein Stuhl, kein Auto. Du kannst nicht mit ihm machen, was du willst. Es kommt zwar durch dich auf die Welt, aber es gehört dir nicht. Es gehört Gott, es gehört der Existenz. Du bist bestenfalls sein Beschützer. Nimm es nicht in Besitz.

Aber das ganze Familienkonzept beruht auf Besitz: besitze Grund und Boden, besitze die Frau, besitze den Mann, besitze die Kinder. Und Besitzgier ist Gift. Aus diesem Grund bin ich gegen die Familie. Aber ich sage nicht, daß diejenigen, die in ihren Familien wirklich glücklich sind – fließend, lebendig, liebevoll –, daß diese Menschen ihre Familien auflösen sollen. Nein, dazu besteht keine Notwendigkeit. Ihre Familie ist schon eine Kommune, eine Kommune im Kleinen.

Und natürlich ist eine größere Kommune noch besser; sie bietet mehr Möglichkeiten, mehr Leute. Andere Leute bringen andere Lieder, andere Leute bringen andere Lebensweisen, andere Leute bringen einen anderen Atem, eine andere Brise, andere Leute bringen ein anderes Licht, und man sollte die Kinder mit so vielen verschiedenen Lebensweisen wie möglich vertraut machen, damit sie wählen können, damit sie die Freiheit haben zu wählen.

Es wird sie bereichern, wenn sie viele veschiedene

Frauen kennenlernen, und sie werden nicht auf das Gesicht und die Art ihrer Mutter fixiert sein. Sie werden fähig sein, viel mehr Frauen und viel mehr Männer zu lieben. Ihr Leben wird zum Abenteuer.

Ich habe gehört: Eine Mutter geht ins Kaufhaus und nimmt ihren Sohn mit in die Spielzeugabteilung. Als er das riesige Schaukelpferd entdeckt, klettert er hinauf und schaukelt fast eine Stunde lang wie verrückt.

„Komm jetzt, Kind", sagt die Mutter. „Ich muß nach Hause, dem Vater das Abendessen machen." Aber der kleine Junge weigert sich, die Mutter kann machen, was sie will. Auch der Abteilungsleiter versucht, den Knirps zu überreden, aber ohne Erfolg. Schließlich holen sie in ihrer Verzweiflung den Kaufhauspsychologen.

Der nähert sich vorsichtig dem Jungen und flüstert ihm ein paar Worte ins Ohr. Da springt dieser sofort vom Pferd runter und läuft zu seiner Mutter.

„Wie haben Sie das gemacht?" fragt die Mutter in ungläubigem Staunen. „Was haben Sie ihm gesagt?"

Der Psychologe zögert einen Augenblick und dann sagt er: „Ich habe ihm nur gesagt: Wenn du nicht auf der Stelle von dem Schaukelpferd herunterkommst, mein Junge, dann knall ich dir eine, daß dir Hören und Sehen vergeht!"

Früher oder später lernen die Menschen eins: Was funktioniert, ist Angst, ist Autorität, ist Macht. Und die Kinder sind so hilflos und so abhängig von ihren Eltern, daß man ihnen leicht Angst machen kann. Die Eltern lernen die Technik, wie man Kinder ausnutzt und unterdrückt, und die Kinder können nicht ausweichen.

In einer Kommune werden sie viele Plätze haben, wohin sie ausweichen können. Sie haben viele Onkel und Tanten und kennen viele Leute – sie sind nicht mehr so hilflos. Sie sind den Erwachsenen nicht mehr so ausgeliefert wie jetzt. Sie sind unabhängiger und weniger hilflos. Man kann sie nicht mehr so leicht zu etwas zwingen.

Aber jetzt sehen sie daheim nur Unglück. Ja, ich weiß wohl, manchmal sind Mann und Frau auch liebevoll zueinander, aber wenn sie mal liebevoll zueinander sind, findet es heimlich statt. Die Kinder merken nichts davon. Die Kinder sehen nur die häßlichen Gesichter, die häßliche Seite. Wenn Mutter und Vater liebevoll zueinander sind, passiert es hinter verschlossenen Türen. Sie schweigen darüber, sie lassen ihre Kinder nie miterleben, was Liebe ist. Die Kinder bekommen nur den Streit mit – wie sie sticheln, sich streiten oder sich schlagen, sich auf grobe oder subtile Art gegenseitig verletzen, gegenseitig erniedrigen. Da sehen die Kinder mit an, was passiert.

Der Mann sitzt im Wohnzimmer und liest die Zeitung. Da kommt seine Frau herein und ohrfeigt ihn.

„Wofür war denn das?" fragt der empörte Ehemann.

„Dafür, daß du so ein schlechter Liebhaber bist!"

Eine kleine Weile später geht der Ehemann zu seiner Frau rüber, die vor dem Fernseher sitzt und gibt ihr eine schallende Ohrfeige.

„Wofür war das denn?" schreit sie ihn an.

Worauf er antwortet: „Dafür, daß du den Unterschied kennst!"

So geht das immer weiter, und die Kinder beobachten die ganze Zeit, was vor sich geht. Sieht so das Leben aus? Ist es das, wofür man lebt? Ist das alles? Sie beginnen, die Hoffnung zu verlieren. Noch bevor sie ins Leben einsteigen, sind sie schon Verlierer, haben sie ihre Niederlage schon akzeptiert. Wenn es nicht einmal ihren Eltern, die so weise und mächtig sind, gelingt, welche Hoffnung bleibt ihnen dann? Es ist ein Ding der Unmöglichkeit.

Und sie haben die Tricks gelernt – die Tricks, wie man unglücklich ist, wie man aggressiv ist. Die Kinder erleben nie, wie Liebe geschieht. In einer Kommune gibt es mehr Möglichkeiten. Hier wird die Liebe etwas mehr ans Tageslicht kommen. Die Menschen werden erfahren, daß Liebe möglich ist. Die kleinen Kinder werden erfahren, was Liebe ist. Sie werden sehen, wie die Leute liebevoll miteinander umgehen.

Es herrscht die Vorstellung, daß man in der Öffentlichkeit zwar kämpfen, aber nicht liebevoll sein darf. Kämpfen wird akzeptiert. Man darf morden, das ist erlaubt. Und wenn zwei Leute miteinander kämpfen, steht buchstäblich eine Menge um sie herum und schaut zu, was passiert.

Und alle haben ihren Spaß daran. Darum liest jeder so gerne Mordgeschichten, Abenteuerromane, Krimis. Mord ist erlaubt, aber Liebe ist nicht erlaubt. In der Öffentlichkeit zu lieben, gilt als obszön. Das ist absurd. Liebe soll obszön sein und Mord nicht? Verliebte dürfen in der Öffentlichkeit ihre Liebe nicht zeigen, aber Generäle dürfen öffentlich herumlaufen und alle ihre Orden zur Schau stellen. Sie sind Mörder, und ihre Orden haben sie für Mord und Totschlag bekommen. Ihre Orden zeigen, wieviel sie gemordet haben, wie viele Menschen sie getötet haben. Ist das etwa nicht obszön?

Es sollte obszön sein. Niemand sollte öffentlich kämpfen dürfen. Es ist obszön. Gewalt ist obszön. Wie kann Liebe obszön sein? Aber Liebe wird für obszön gehalten. Man muß sie im Dunkeln vestecken. Liebe muß passieren, ohne daß jemand davon erfährt. Man muß ganz still dabei sein, es ganz heimlich tun. Und natürlich kann man es auf diese Weise nicht sehr genießen.

Die Menschen werden sich überhaupt nie bewußt,

was Liebe ist. Speziell die Kinder haben keine Möglichkeit zu erfahren, was Liebe ist.

In einer besseren, verständigeren Welt wird Liebe überall zu spüren sein. Die Kinder werden sehen, was es heißt, liebevoll miteinander umzugehen. Die Kinder werden sehen, welche Freude es macht, zu jemandem liebevoll zu sein. Man wird es überall erleben können. Hier könnt ihr sehen, wie der kleine Siddhartha die Hand eines Mädchens hält – mit wieviel Fürsorge, mit wieviel Liebe. Kinder lernen, indem sie beobachten. Wenn sie es miterleben, öffnen sich ihnen die Tore der Liebe.

Liebe sollte mehr akzeptiert werden, Gewalt sollte mehr verworfen werden. Liebe sollte weniger versteckt werden. Zwei Menschen, die miteinander schlafen, sollten sich nicht darum sorgen, daß keiner es merkt. Sie sollten lachen, sie sollten singen, sie sollten vor Freude schreien, so daß die ganze Nachbarschaft mitbekommt, daß zwei sich lieben.

Liebe sollte ein einziges Geschenk sein. Liebe sollte göttlich sein. Sie ist heilig.

Man kann ein Buch veröffentlichen, worin ein Mann ermordet wird; das ist okay, das gilt nicht als Pornographie. Für mich ist das pornographisch. Aber ein Buch zu veröffentlichen, worin ein Mann eine Frau in tiefer, liebevoller, nackter Umarmung hält – das gilt als Pornographie.

Die Welt ist bis jetzt immer nur gegen die Liebe gewesen. Eure Familie ist gegen Liebe, eure Gesellschaft ist gegen Liebe, euer Staat ist gegen Liebe.

Es ist ein Wunder, daß es überhaupt noch ein bißchen Liebe gibt. Es ist unglaublich, daß die Liebe überhaupt noch existiert – zwar nicht so, wie sie sein sollte, sie ist nur noch ein kleiner Tropfen und kein Ozean, aber daß sie so viele Feinde überlebt hat, ist ein Wunder. Sie ist noch nicht vollständig zerstört worden; das ist ein Wunder.

Meine Vision von der Kommune ist die eines Zusammenlebens liebender Menschen, ohne Antagonismus, ohne Konkurrenz, mit einer Liebe, die fließender ist, zugänglicher, ohne Eifersucht, ohne Besitz. Und die Kinder gehören allen, weil sie Gott gehören; jeder sorgt für sie. Und diese Kinder sind so schön, wer wollte nicht für sie sorgen?

Laßt die Kinder erleben, daß viele Menschen sich lieben. Sie werden reicher werden. Und ich sage euch, wenn diese Kinder in die Welt hinausgehen, wird keiner von ihnen den Playboy lesen. Sie brauchen es nicht. Die Nacktfotos werden verschwinden. Sie sind nur ein Beweis für den Hunger nach Sex, den Hunger nach Liebe.

Die Welt wird so liebevoll sein, daß es kaum noch Sex auf der Welt geben wird. Eure Priester und Polizisten haben alle Arten von Obszönitäten geschaffen. Sie sind die Ursache für alles Häßliche auf dieser Welt. Und eure Familie hat dabei eine große Rolle gespielt. Die Familie muß verschwinden. Sie muß sich auflösen in der größeren Vision einer Kommune – eines Lebens, das nicht auf kleinlichen Identitäten beruht, eines Lebens, das mehr im Fluß ist.

Wenn die Familien verschwinden, werden auch die Kirchen automatisch verschwinden, weil Familie und Kirche zusammengehören. In einer Kommune wird es alle möglichen Leute geben, alle möglichen Religionen, alle möglichen Philosophien, und die Kinder werden Gelegenheit haben, all das kennenzulernen. An einem Tag geht das Kind mit einem Onkel in die Kirche, am nächsten Tag mit einem anderen in den Tempel, und es erfährt alles darüber und hat die Möglichkeit, selbst zu wählen. Es kann auswählen und selbst entscheiden, zu welcher Religion es gehören möchte. Nichts wird ihm aufgezwungen.

Das Leben kann hier und jetzt ein Paradies werden. Die Hindernisse müssen beseitigt werden. Und die Familie ist eines der größten Hindernisse.[10]

GENZELLEN KÖNNEN GENIEZELLEN SEIN

Ich gehe noch zur Schule und möchte wissen: Was ist das Geheimnis der Erziehung?

Es mag für dich noch etwas schwierig sein, das Geheimnis der Erziehung zu verstehen. Aber ich kann von meiner Vision keine Abstriche machen, und so will ich dir sagen, was ich als das Geheimnis empfinde, wohl wissend, daß du es vielleicht noch nicht verstehen kannst, weil du zu jung bist. Aber durch dich verstehen es vielleicht andere, und eines Tages bist du auch erwachsen und in der Lage, es zu verstehen.

Die Frage ist sehr komplex, und du hast offensichtlich gefragt, ohne die Tragweite zu kennen. Diese Frage ist eine der entscheidendsten für die Zukunft des Menschen. Ich möchte ganz am Anfang beginnen.

Bis jetzt hat der Mensch sein Leben wie zufällig gelebt. Niemand kennt sein eigenes Potential, niemand weiß, wofür die Natur ihn vorgesehen hat. Und deine Frage nach dem Geheimnis der Erziehung läßt sich nicht beantworten, solange du dein Potential nicht kennst. Wird ein Musiker aus dir? Ein Dichter? Ein Ingenieur? Ein Arzt? Ohne irgend etwas über ihre Möglichkeiten zu wissen, fast völlig im dunkeln tappend, entscheiden wir das Schicksal der Menschen nach seltsamen Kriterien.

Das Wort „Erziehung" in seiner Wurzel bedeutet „herausziehen". Das ganze Geheimnis liegt in dieser ursprünglichen Bedeutung. Was auch immer in dir als Samenkorn vorhanden ist, muß herausgezogen werden. Es muß auf jede Weise gefördert werden, damit es zum Blühen kommt. Aber niemand weiß, was in dir verborgen ist, welchen Boden du brauchst und welche Art von Gärtner, was das beste Klima für dich ist, die beste Jahreszeit und die richtige Zeit, dich auszusäen.

Die Eltern entscheiden über ihre Kinder und lassen sich dabei von ihrem eigenen Ehrgeiz leiten.

Daher das unermeßliche Leiden auf der Welt! Ein Mensch, der ein großer Musiker hätte werden können, wird nur ein zwergenhafter Industrieller. Einer, der ein großer Mystiker hätte werden können, wird gezwungen, Mathematiker zu werden. Fast jeder ist am falschen Platz. Und am falschen Platz zu sein, ist sehr schmerzhaft. Du bist dir selbst nicht bewußt, warum du leidest, weil dir nicht bewußt ist, daß du dein Ziel verfehlt hast. Du folgst der Vorstellung, die sich ein anderer darüber gemacht hat, wie du zu sein hast.

Der erste Schritt, wenn ihr mich fragt, ist Gentechnologie. Dort liegt das Geheimnis aller Erziehung. Das, was wir bisher Erziehung genannt haben, ist ein Chaos.

Das Geheimnis liegt in der Gentechnologie. Die Wissenschaft ist jetzt in der Lage, das Programm jedes Menschen schon vor seiner Geburt zu entschlüsseln. Das männliche Spermium enthält viele Programme für das zukünftige Leben und seine Entwicklung: ob es männlich oder weiblich wird, ob es ein kräftiger Mann oder ein Schwächling wird, ob er ein gesundes Leben haben wird oder krank sein wird. Seine Widerstandskraft gegen Krankheiten, wie lange er leben wird und welche Begabungen in ihm verborgen sind, ob aus ihm ein großer Mathematiker werden kann oder ein großer Maler oder ein großer Dichter oder ein großer Industrieller. Dein Schicksal steht in den biologischen Anfängen deines Lebens geschrieben – nicht im Geburtshoroskop, nicht in den Sternen, noch in den Linien deiner Hand.

Die Wissenschaft öffnet uns jetzt die Türen zu einer neuen Welt: Man kann jedes Spermium fast wie ein offenes Buch lesen. Du kannst über das Leben deines Kindes entscheiden. Vor seiner Geburt kannst du wählen, was aus deinem Kind werden soll. Für mich beginnt die wahre Erziehung an diesem Punkt.

In jedem Liebesakt produziert der Mann mindestens eine Million Spermien, aber nur ein Spermium wird vielleicht das weibliche Ei erreichen. Es ist ein Marathonlauf. Das kleine Spermium, das man mit bloßem Auge nicht sehen kann, muß proportional zu seiner Größe einen Weg von fast fünf Kilometern bis zum Ei zurücklegen, und es hat nur eine Lebenszeit von zwei Stunden. Wenn es also in zwei Stunden sein Ziel nicht erreicht, stirbt es. Einer solchen Konkurrenz wird es sein ganzes Leben nicht mehr ausgesetzt sein.

Das ganze Leben wird ein Konkurrenzkampf sein, aber der Start ist der schlimmste Wettlauf, den man sich vorstellen kann: Eine Million Wesen stürmt auf das weibliche Ei los, und nur einer kann das Rennen gewinnen! Alle andern müssen sterben. Nun, hier herrscht der blinde Zufall – höchstwahrscheinlich kommen die Idioten als erste an. Darum ist die Welt so voller Idioten! Die Idioten nehmen keine Rücksicht, sie kümmern sich nicht um andere. Sie stürmen einfach blindlings drauflos. Die Klügeren stehen vielleicht am Rand und schauen dem Ganzen zu. Und die wirklich Klugen nehmen womöglich gar nicht am Rennen teil; es ist zu dumm.

Diese Probleme lassen sich lösen. Aber die religiöse abergläubische Borniertheit ist auf der ganzen Welt ein großes Hindernis für jede Art Fortschritt und für neue Ideen in der Welt.

Alle Religionen werden mich anfeinden, aber das macht nichts, ich bin mein Leben lang angefeindet worden. Mein Vorschlag ist, daß jeder Mann, der Kinder haben will, seine Spermien einem Krankenhaus spendet, wo ein medizinisches, wissenschaftliches Gremium die Möglichkeiten für diese Spermien ausarbeitet.

Unter diesen Millionen Spermien mögen Albert Einsteins sein, Bertrand Russels, Martin Heideggers, große Musiker wie Yehudi Menuhin, große Tänzer wie Nijinsky, große Philosophen wie Friedrich Nietzsche, große Schriftsteller wie Fjodor Dostojewski. Man kann sie herausfinden, und der Vater und die Mutter können sich aussuchen, was sie haben wollen. Wenn du die größten Diamanten haben kannst, warum solltest du dich mit bunten Steinen zufrieden geben? Und wenn du die Wahl hast, warum es dem Zufall überlassen?

Wenn sie wollen, können sie sich für einen Henry Ford entscheiden, der großen Reichtum zu schaffen vermag. Der Umgang mit Geld ist eine Kunst wie jede andere; Geld hat seine eigenen Genies. Nicht jeder kann ein Henry Ford sein.

Wenn du möchtest, daß dein Kind ein Gautam Buddha wird, dann mußt du entsprechend der genetischen Analyse schauen, welches Spermium das Potential zu einem Mystiker hat. Dieses Spermium wird injiziert, damit es nicht mit allen möglichen Typen im

Gedränge konkurrieren muß. Mit dieser Wahl beginnt deine Erziehung.

Wir stehen erst am Anfang der Gentechnik. Eines Tages wird es soweit sein – jeden Tag geht die Arbeit ein Stück voran. Das ausgewählte Spermium hat ein Programm. Aber das Programm kann ein wenig verändert werden. Vielleicht hat es das Gehirn eines Albert Einsteins, aber einen schwachen Körper, eine schwache Gesundheit. Dann kann man das Fehlende hinzufügen, man kann das Programm ein wenig verändern. Vielleicht hat es nur eine Lebensspanne von fünfzig Jahren, auch das kann man ändern. Man kann ihm ein so langes Leben geben, wie man möchte – bis zu dreihundert Jahren – und die entsprechende Gesundheit und Widerstandskraft gegen Krankheiten. All diese Dinge können dem Programm hinzugefügt werden.

Jetzt beginnt das Kind seine Reise, begleitet vom vollen Bewußtsein der Eltern, was aus ihm werden wird, auf welche Schule es geschickt werden soll, und welche Art von Erziehung seinem genetischen Code am besten entspricht. Dann wird die Welt voller Genies sein, voller talentierter und gesunder Menschen. Es ist möglich, das Altern vollkommen zu vermeiden. Ein Mensch kann jugendlich leben bis zu seinem Tode.

Heute sind das keine Fiktionen mehr, es sind inzwischen wissenschaftliche Tatsachen. Aber die Religionen verhindern sogar, daß diese Tatsachen öffentlich bekannt werden, daß alle darüber Bescheid wissen. Sie haben vor den seltsamsten Dingen Angst. Sie haben Angst, daß die Moral durcheinander gerät. Soll sie durcheinander geraten! Und was für eine Moral herrscht schon auf dieser Welt? Außer Heuchelei gibt es keine Moral.

Die Gentechnik kann sogar über den Charakter, die Moral, die Disziplin des Individuums bestimmen, das zur

Welt kommen soll. Dadurch wird vieles möglich. Für das Kind: Eine klar festgelegte, nicht dem Zufall überlassene Entwicklung. Und für die Eltern: Da das Kind nicht durch Sex geboren wird, wird Sex zum reinen Vergnügen. Er bringt keine Verantwortung, keine Gefahr mehr mit sich.

Die wissenschaftliche Wahrheit ist, daß die Menschen unnötig leiden, weil wir auf die Priester hören und nicht auf die Wissenschaftler. Die Priester sind absolut gegen jeden Eingriff in das menschliche Leben. Sie protestieren sofort lautstark, daß niemand in die Arbeit Gottes eingreifen darf.

Aber ich sehe nicht, welche Arbeit Gott tut. All diese Leute, die dumm und zurückgeblieben sind – ist das Gottes Arbeit? Und die Priester wollen gar keine andere Welt. Sie sind gegen Familienplanung, sie sind gegen Geburtenkontrolle, sie sind gegen alles, was den Menschen heute in die Lage versetzt, eine bessere Welt, eine bessere Menschheit zu schaffen.

Das ist also für mich das erste: Es wird nur dann eine richtige Erziehung geben, wenn die Kinder mit Hilfe der Gentechnik zur Welt kommen und nicht durch die alte Ochsenkarrenmethode, der ihr bis jetzt anhängt. Das ist eines der entscheidendsten Geheimnisse. Erst wenn wir auf Vernunft und Intelligenz hören, können wir das Leben des Menschen revolutionieren.[11]

DIE FÜNF DIMENSIONEN DER ERZIEHUNG

Welche Form wird die Erziehung in der neuen Kommune annehmen?

Die Erziehung, wie sie in der Vergangenheit vorgeherrscht hat, ist höchst ungenügend, unvollständig und oberflächlich. Sie bringt lediglich Menschen hervor, die ihren Lebensunterhalt verdienen können, aber sie vermittelt keine Einsichten in das Leben selbst. Sie ist nicht nur unvollständig, sie ist auch schädlich, denn sie beruht auf Wettbewerb.

Jede Art von Wettbewerb ist im tiefsten Kern gewalttätig und erzeugt Menschen, die lieblos sind, deren ganzes Streben darauf abzielt, etwas zu erreichen – Rang und Namen, Ruhm, alle möglichen ehrgeizigen Ziele. Darum müssen sie natürlich kämpfen und sich in Konflikte stürzen. Das zerstört ihre Freude, und das zerstört ihre Freundlichkeit. Es scheint, als ob jeder gegen die ganze Welt ankämpft.

Erziehung war bis heute zielorientiert. Was du lernst,

ist unwichtig, wichtig ist die Prüfung, die ein oder zwei Jahre später kommt. Damit wird die Zukunft wichtig, wichtiger als die Gegenwart. Die Gegenwart wird der Zukunft geopfert. Und das wird dein ganzer Lebensstil: Du opferst ständig diesen Augenblick für etwas, das nicht da ist. Das erzeugt eine ungeheure Leere im Leben.

In der Kommune meiner Vision wird es eine fünfdimensionale Erziehung geben. Bevor ich auf diese fünf Dimensionen eingehe, müssen noch ein paar Dinge vorausgeschickt werden.

Erstens: In der Erziehung soll es keine Prüfungen geben, sondern eine tägliche, stündliche Beobachtung durch die Lehrer. Ihre Bemerkungen über das ganze Jahr hinweg entscheiden, ob du weitergehst oder noch etwas länger in der gleichen Klasse bleibst. Niemand fällt durch, niemand besteht – die einen sind nun mal ein bißchen schneller, und andere sind etwas träge.

Denn der Gedanke, versagt zu haben, erzeugt eine tiefe Wunde von Minderwertigkeit. Und der Gedanke, erfolgreich zu sein, führt zu einer anderen Art Krankheit, nämlich zu Überheblichkeit.

Niemand ist minderwertig und niemand ist überlegen. Jeder ist einfach er selbst – unvergleichlich.

Für Prüfungen ist also kein Platz. Somit verlagert sich die ganze Blickrichtung von der Zukunft auf die Gegenwart. Entscheidend ist, was du jetzt in diesem Augenblick machst – nicht fünf Fragen am Ende von zwei Jahren. Von den tausend Dingen, denen du in diesen zwei Jahren begegnest, wird jedes entscheidend sein. Die Erziehung wird also nicht zielgerichtet sein.

Der Lehrer hat früher eine außerordentlich wichtige Rolle gespielt, denn er wußte Bescheid: er hat alle Examen bestanden, er hat sich viel Wissen angeeignet. Doch die Situation hat sich geändert. Und das ist eines der Probleme – daß Situationen sich ändern, unsere Antworten jedoch die alten bleiben. Heute ist die Wissensexplosion so unübersehbar, so ungeheuer, so rasant geworden, daß kein größeres Werk über irgendein wissenschaftliches Gebiet mehr geschrieben werden kann, denn bis das Buch fertig ist, ist es bereits überholt. Neue Fakten, neue Entdeckungen haben es irrelevant gemacht. Daher ist die Wissenschaft heute auf Artikel in Fachzeitschriften angewiesen, nicht mehr auf Bücher.

Die Ausbildung des Lehrers liegt dreißig Jahre zurück. In dreißig Jahren hat sich alles geändert, doch er wiederholt noch immer, was man ihm beigebracht hat. Er ist veraltet, und er läßt auch seine Studenten veraltet sein. In meiner Vision hat der Lehrer daher keinen Platz. Anstelle von Lehrern wird es Berater geben. Und der Unterschied muß ganz klar sein: Der Berater wird dir sagen, wo du in der Bibliothek die neuesten Informationen zu einem Thema findest.

Und der Unterricht sollte nicht nach der alten Methode erfolgen; das Fernsehen kann diese Aufgabe viel besser erfüllen, es kann problemlos die aktuellsten Informationen liefern. Der Lehrer spricht die Ohren an, das Fernsehen spricht direkt die Augen an, und diese Eindrücke gehen viel tiefer, denn durch die Augen erfaßt ihr achtzig Prozent eurer Lebenssituationen – sie sind der lebendigste Teil eures Körpers.

Was man durch Sehen aufnehmen kann, braucht man nicht zu lernen, aber was man durch Zuhören aufnimmt, muß man sich merken. Fast achtundneunzig Prozent des Unterrichts kann das Fernsehen übernehmen, und die Fragen der Schüler kann ein Computer beantworten.

Der Lehrer sollte nur ein Berater sein, der dir die Quelle zeigt, der dir zeigt, wie man den Computer benutzt, wie man das neueste Buch findet. Seine Funktion wird sich völlig ändern. Er ist nicht mehr jemand, der Wissen vermittelt, sondern er macht dich auf den gegenwärtigen Stand, die neuesten Forschungsergebnisse aufmerksam. Er ist nur ein Berater.

Mit diesen Erwägungen teile ich die Erziehung in fünf Dimensionen ein. Die erste Dimension ist informativ, wie Geschichte, Geographie, Sprachen und viele andere Fächer, die durch Fernsehen und Computer behandelt werden können.

Die zweite Dimension umfaßt das Erforschen naturwissenschaftlicher Gebiete, was ungeheuer wichtig ist, denn das ist die eine Hälfte der Wirklichkeit, die äußere Wirklichkeit.

Und die dritte Dimension wird das sein, was in der heutigen Erziehung ganz fehlt: die Kunst zu leben. Die Menschen gehen immer davon aus, daß sie wissen, was Liebe ist. Sie wissen es nicht... Und wenn sie es endlich wissen, ist es zu spät. Jedem Kind sollte gezeigt werden, wie es seine Wut, seinen Haß, seine Eifersucht in Liebe verwandeln kann.

Ein wichtiger Teil der dritten Dimension sollte auch der Humor sein. Unsere sogenannte Erziehung macht die Leute traurig und ernst. Und wenn ihr ein Drittel eures Lebens an einer Universität damit vergeudet, traurig und ernst zu sein, dann hinterläßt das seine Spuren. Ihr vergeßt die Sprache des Lachens – und ein Mensch, der die Sprache des Lachens vergißt, hat viel vom Leben vergessen.

Liebe und Lachen also und eine Vertrautheit mit dem Leben und seinen Wundern, seinen Mysterien... diese Vögel in den Bäumen hier – sie sollten nicht ungehört singen. Die Bäume und die Blumen und die Sterne sollen eine Verbindung zu deinem Herzen haben. Der Sonnenaufgang und der Sonnenuntergang werden dann nicht nur irgendwo da draußen sein. Sie werden auch etwas Innerliches sein. Die Grundlage der dritten Dimension sollte eine Ehrfurcht vor dem Leben sein.

Die Menschen haben so wenig Achtung vor dem Leben.

Immer noch töten sie Tiere zum Essen. Sie nennen es Sport, doch wenn ein Tier sie auffrißt, dann nennen sie es einen tragischen Unfall. Seltsam! Im Sport sollten beide Parteien die gleichen Chancen haben. Die Tiere sind unbewaffnet, ihr aber habt eure Maschinengewehre oder Pfeile...

Hochachtung vor dem Leben sollte gelehrt werden, denn das Leben ist Gott, und es gibt keinen anderen Gott als das Leben selbst – und Freude und Lachen und Humor, kurz: ein tanzendes Herz.

Die vierte Dimension sollte die Kunst und Kreativität sein: Malerei, Musik, Handwerk, Töpfern, Steinmetzarbeiten – alles, was kreativ ist. Alle schöpferischen Bereiche sollen einbezogen sein. Die Schüler können selbst wählen.

Nur ganz wenige Dinge sollten Pflicht sein: zum Beispiel sollte eine internationale Sprache Pflicht sein, eine gewisse Fähigkeit, sich den Lebensunterhalt zu verdienen, sollte Pflicht sein, irgendeine schöpferische Kunst sollte Pflicht sein. Du kannst aus der ganzen Palette der kreativen Künste wählen, denn erst wenn ein Mensch lernt, etwas zu erschaffen, wird er zu einem Teil der Schöpfung, die unentwegt schöpferisch ist. Indem man schöpferisch ist, wird man göttlich. Kreativität ist das einzige Gebet.

Und die fünfte Dimension sollte die Kunst des Sterbens sein. Zu dieser Dimension gehören alle Meditationen, damit du die Erfahrung machen kannst, daß es keinen Tod gibt, damit dir bewußt werden kann, daß es in dir ein ewiges Leben gibt. Das sollte eine absolut wesentliche Rolle spielen. Denn jeder Mensch muß sterben, keiner kann es umgehen.

Und unter dem großen Dach der Meditation könnt ihr Zen, Tao, Yoga und Chassidismus kennenlernen, alle Arten und Möglichkeiten, die es schon lange gibt, um die sich die Erziehung aber noch nie einen Deut gekümmert hat. In dieser fünften Dimension solltest du dich auch mit den Kampfkünsten wie Aikido, Jiu-Jitsu und Judo bekanntmachen, der Kunst der Selbstverteidigung ohne Waffen, die nicht nur Selbstverteidigung ist, sondern gleichzeitig auch eine Meditation.

Die neue Kommune wird eine umfassende Erziehung, eine ganzheitliche Erziehung haben. Alles Wesentliche sollte Pflicht sein, und alles Unwesentliche sollte freiwillig sein. Man kann wählen, und viele Möglichkeiten werden zur Wahl stehen. Und wenn die Grundlagen geschaffen sind, mußt du etwas lernen, was dir Freude macht: Musik, Tanz, Malerei. Du mußt etwas lernen, mit dem du nach innen gehen kannst, mit dem du dich selbst kennenlernen kannst. Und das läßt sich leicht und ohne Schwierigkeiten einrichten.

Ich war selbst Universitätsprofessor, und ich habe meinen Rücktritt mit der Notiz eingereicht: „Das hier ist keine Erziehung, das ist schiere Dummheit. Ihr lehrt überhaupt nichts Wesentliches."

Aber diese unwesentliche Erziehung beherrscht die Welt, egal ob in der Sowjetunion oder in Amerika. Niemand hat sich um eine ganzheitliche, umfassende Erziehung bemüht. In dieser Hinsicht ist fast jeder ungebildet. Selbst Leute mit imponierenden Titeln sind im umfassenderen Sinne ungebildet. Die einen sind mehr ungebildet, die anderen weniger ungebildet. Ungebildet sind alle. Es ist unmöglich, auch nur einen gebildeten Menschen zu finden, denn Erziehung als eine Ganzheit existiert nirgendwo.[12]

LEHRER: RUNTER- ODER MUNTERMACHER

Du sagst uns oft, wir sollten uns und andere nicht beurteilen. Ich bin Lehrer und muß in meinem Beruf die Schüler beurteilen. Nun mache ich mir Gedanken, wie ich mich verhalten soll. Kannst Du mir helfen?

Wenn ich sage, daß ihr nicht urteilen sollt, heißt das nicht, daß du als Lehrer nicht zu einem Schüler sagen kannst: „Deine Antwort ist falsch." Damit beurteilst du nicht die Person, du beurteilst die Handlung. Und ich sage nicht, daß ihr Handlungen nicht beurteilen sollt – das ist etwas völlig anderes.

Jemand ist zum Beispiel ein Dieb; dann kannst du das Stehlen als etwas Schlechtes verurteilen. Aber verurteile nicht den Menschen, denn der Mensch ist ein sehr viel umfassenderes Phänomen, und die Handlung ist etwas Geringfügiges. Die Handlung ist ein so kleiner Teil... Dieser kleine Teil sollte nicht zu einem Urteil über die gesamte Person führen. Ein Dieb kann viele gute Qualitäten haben; vielleicht ist er wahrhaftig, vielleicht ist er aufrichtig, vielleicht ist er ein sehr liebevoller Mensch.

Aber meistens geschieht genau das Gegenteil: Die Leute verurteilen eher den Menschen als seine Handlung. Es geht aber darum, Handlungen zu korrigieren; und speziell im Lehrerberuf mußt du korrigieren. Du kannst nicht zulassen, daß die Schüler immer weiter Fehler machen. Das wäre sehr hart und gefühllos.

Aber richte dich beim Korrigieren nicht nach Traditionen, Konventionen, nach der sogenannten Moral, nach deinen Vorurteilen. Sei jedesmal, wenn du jemanden berichtigst, sehr meditativ, sei sehr still; schau dir die Sache aus jedem Blickwinkel an. Vielleicht ist das, was sie tun, genau richtig, und dein Eingreifen wäre absolut nicht richtig.

Wenn ich also sage: „Urteilt nicht!" dann meine ich einfach, daß keine Handlung dir das Recht gibt, einen Menschen zu verurteilen. Wenn eine Handlung nicht richtig ist, dann hilf diesem Menschen zu verstehen, warum die Handlung falsch ist. Es geht nicht darum, ein Urteil zu fällen. Nimm diesem Menschen nicht seine Würde, erniedrige ihn nicht, mache ihm keine Schuldgefühle. Das meine ich, wenn ich sage „Urteilt nicht!"

Aber was das Korrigieren angeht: Wenn du ohne Vorurteile, aus deiner Stille und deiner Bewußtheit heraus erkennst, daß etwas falsch läuft und die Intelligenz eines Menschen zerstören könnte und ihn auf Abwege bringen könnte, dann hilf ihm.

Die Aufgabe des Lehrers ist nicht nur, unnütze Dinge zu unterrichten – Geographie, Geschichte und allen möglichen andern Unsinn.

Seine grundlegende Funktion ist, die Schüler zu einem besseren Bewußtsein, einem höheren Bewußtsein zu führen. Darin sollte sich deine Liebe und dein Mitgefühl ausdrücken, und dies sollte der einzige

Maßstab sein, nach dem du eine Handlung als richtig oder falsch beurteilst.

Aber gib niemandem jemals auch nur für einen einzigen Moment das Gefühl, daß er verurteilt wird. Laß ihn im Gegenteil fühlen, daß er geliebt wird – daß du aus Liebe versucht hast, ihn zu korrigieren.

Ein Mann wacht aus seiner Narkose im Krankenhausbett auf und findet den Arzt neben sich sitzen. „Ich habe eine gute und eine schlechte Nachricht für Sie", sagt der Arzt. „Wollen sie zuerst die gute oder die schlechte hören?"

„Aah", stöhnt der Mann, „erzählen sie mir die schlechte zuerst."

„Naja", sagt der Arzt, „wir mußten Ihnen beide Beine oberhalb der Knie amputieren."

„Aah", stöhnt der Mann, „das ist wirklich eine schlechte Nachricht."

Nachdem er sich von seinem Schock erholt hat, fragt er den Arzt nach der guten Nachricht.

„Naja", sagt der Arzt, „der Patient im Bett nebenan möchte gerne Ihre Pantoffeln kaufen."

Nimm nicht alles so ernst! Denke nicht, daß du Lehrer bist und deshalb eine sehr ernste Aufgabe hast. Betrachte das Leben mit spielerischen Augen: Es ist wirklich urkomisch! Es gibt nichts zu beurteilen – jeder tut sein Bestes. Wenn du dich von jemandem aus der Ruhe gebracht fühlst, ist das dein Problem, nicht seins. Korrigiere dich selbst zuerst![13]

GENERATIONSKONFLIKT – RESPEKT AUS HÖFLICHKEIT

Was ist eigentlich diese Kluft zwischen den Generationen, von der heute so viel die Rede ist?

Zwei achtzigjährige Männer sitzen in ihrem Vereinslokal. Sagt der eine: „Findest du, daß es heute noch so viel Liebe und so viel Spaß wie früher gibt?" „Na klar", sagt der andere, „nur heute treibt's eine ganz andere Mannschaft."

Das ist die Kluft zwischen den Generationen.

Eine große Menschenmenge wartet schweigend am Fuß des Berges. Moses ist seit Stunden fort. Plötzlich sieht man sein weißes Gewand im Wind flattern, und da steht der Gesetzesgeber auch schon vor seinen Schäfchen.

„Volk Israel, ich habe sieben Stunden bei Gott geweilt, und nun habe ich eine gute und eine schlechte Nachricht für euch."

„Sprich, o Moses!", ruft die Menge.

„Die gute Nachricht ist", sagt Moses, „daß ich es

geschafft habe, die Anzahl der Gebote auf zehn zu drücken."

Die Menge jubelt. Dann ruft sie: „Was ist die schlechte Nachricht, Moses?"

Moses antwortet traurig: „Ehebruch gehört immer noch dazu."

Für die neue Generation gehört Ehebruch nicht mehr dazu. Das ist die Kluft zwischen den Generationen. Das Wort Ehebruch hat eine völlig neue Bedeutung bekommen. Es bedeutet einfach, daß man erwachsen ist.

In der Vergangenheit hat es nie eine Kluft zwischen den Generationen gegeben. Deshalb muß man sehr genau hinschauen, denn zum erstemal in der Menschheitsgeschichte wird der Ausdruck „Generationskonflikt" überhaupt benutzt. Und die Kluft wird von Tag zu Tag größer. Die Gegensätze scheinen unüberbrückbar.

Das hat gewiß psychologische Gründe. In der Vergangenheit gab es keine Jugend. Ihr werdet überrascht sein, wenn ich euch sage, daß Kinder erwachsen wurden, ohne eine Jugend zu durchlaufen. Mit sechs oder sieben Jahren fing ein Kind an, bei seinem Vater mitzuarbeiten. War der Vater Schreiner, dann erlernte es die Schreinerei oder half zumindest seinem Vater. War der Vater Bauer, dann half es dem Vater auf dem Hof – bei den Tieren, Kühen, Pferden. Mit sechs oder sieben Jahren nahm ein Kind schon am Leben der Erwachsenen teil. Mit zwanzig war es schon verheiratet und hatte selber Kinder.

Früher gab es keine junge Generation, deshalb gab es auch keinen Konflikt. Kontinuierlich folgte eine Generation auf die andere – ohne jede Kluft. Wenn der Vater starb, hatte sein Sohn ihn schon in allen Lebensbereichen ersetzt. Man hatte keine Zeit zum Spielen und keine Zeit für Bildung; es gab keine Schulen, Hochschulen oder Universitäten. Die „neue Generation" ist eine Begleiterscheinung von einer ganzen Reihe von Dingen.

Früher war es nur möglich, etwas zu lernen, wenn man sich an die ältere Generation hielt, mit ihr zusammen arbeitete, nur so konnte man etwas lernen. Und natürlich respektierte man die ältere Generation, weil sie die Lehrer waren. Sie besaßen das Wissen und man selber war unwissend; es war nicht zu vermeiden, daß die Unwissenden die Wissenden respektierten. Sie dachten nicht im Traum daran, daß sie mehr wüßten als die älteren Leute. Wissen war ein sehr entscheidender Faktor.

Die Leute mit Wissen hatten die Macht, und die Unwissenden hatten keine. Das Sprichwort „Wissen ist Macht" muß danach geprägt worden sein. Wissen war das wichtigste Kriterium im Leben; so kommt es, daß man nie von einer Revolte der Jugend gegen das Alter gehört hat.

Die heutige Generation hat ein neues, ein völlig neues Stadium erreicht. Kein Kind folgt mehr den Fußstapfen seines Vaters. Es geht zur Schule; sein Vater geht in seinen Laden, ins Büro oder arbeitet auf dem Hof. Wenn das Kind mit der Universität fertig ist, ist es fünfundzwanzig Jahre alt. In diesen fünfundzwanzig Jahren hat es keine Verbindung zur älteren Generation gehabt. Seine einzige Verbindung ist finanzieller Natur; die Eltern geben ihm finanzielle Unterstützung. In diesen fünfundzwanzig Jahren ist vieles geschehen: Zum einen weiß jetzt das Kind mehr als seine Eltern, weil die Schulzeit seiner Eltern mindestens zwanzig bis fünfundzwanzig Jahre zurückliegt. In diesen fünfundzwanzig Jahren hat sich das Wissen dermaßen weiterentwickelt, einen solchen Quantensprung gemacht...

Durch Lernen und Studieren kann man sich so viel

Wissen aneignen, wie man will. Man braucht sich nur in die Bibliothek zu setzen und lernt die ganze Welt kennen und alles, was passiert – in allen Bereichen. Man braucht die Bibliothek dazu nicht einmal zu verlassen.

Und ihr werdet bald eine noch größere Kluft erleben, eine Kluft, auf die die Menschheit noch gar nicht aufmerksam geworden ist. Ich bin der erste, der darüber spricht.

Die eine Kluft wird durch das Bildungssystem geschaffen. Wenn erst einmal Meditation zu einer weltweiten Bewegung wird, dann entsteht eine neue Kluft von unabsehbaren Ausmaßen. Dann werden die alten und die jungen Leute so weit voneinander entfernt sein wie die beiden Pole der Erde. Die Verständigung ist jetzt schon schwierig; dann wird sie unmöglich sein.

Die Menschen, die hier bei mir sind, können verstehen, was ich sage. Wenn man anfängt, in die Welt jenseits des Verstandes einzudringen, dann kommen einem die alten Leute, die viel Verstandeswissen angehäuft haben, geistig behindert vor – unterentwickelt und sehr primitiv. Ihr seht keinen Grund, sie zu respektieren; sie werden euch respektieren müssen. Ihr habt den Verstand hinter euch gelassen.

Und die Welt interessiert sich immer mehr für Meditation. Bald wird der Tag kommen, an dem Meditation ein Teil eurer Erziehung sein wird, und sie wird eure Erziehung zum Höchsten sein. Bei der normalen Erziehung geht es um äußere Dinge. Meditation wird der Teil eurer Erziehung sein, in dem es um euer Inneres, um euer inneres Wesen geht.

Der Generationskonflikt ist ein Unglück. Ich habe nichts dafür übrig. Und ich habe meine eigene Strategie, wie man ihn vermeiden kann.

Das ganze Bildungssystem muß von Grund auf

verändert werden. Kurz gesagt: Durch unsere Art von Erziehung bereiten wir die Menschen nicht aufs Leben vor, sondern darauf, ihren Lebensunterhalt zu verdienen. Fünfundzwanzig Jahre lang bereiten wir sie darauf vor; das ist ein Drittel ihres Lebens. Niemals bereiten wir sie auf ihren Tod vor. Das Leben dauert nur siebzig Jahre, aber der Tod ist das Tor zur Ewigkeit. Das erfordert eine gewaltige Vorbereitung.

Meiner Meinung nach sollte die Erziehung in Stufen stattfinden. Und ich bin mir ganz sicher, daß genau dies in Zukunft geschehen wird, vorausgesetzt die Menschheit überlebt.

Fünfzehn Jahre lang lernt der Mensch, sich seinen Lebensunterhalt zu verdienen und später, im Alter von zweiundvierzig Jahren, bekommt er zehn Jahre für die Vorbereitung auf den Tod. Die Erziehung sollte in zwei Stufen ablaufen. Jeder geht auf die Universität – natürlich auf verschiedene Universitäten, oder auf dieselbe Universität, aber in verschiedene Abteilungen. Die eine ist dazu da, die Jugendlichen auf das Leben vorzubereiten, die andere ist für die Vorbereitung von Leuten da, die ihr Leben gelebt haben und jetzt mehr wissen wollen über Dinge, die über das Leben hinausgehen.

Dann wird die Kluft zwischen den Generationen verschwinden. Dann werden die älteren Leute ruhiger, stiller, friedvoller und weiser; ihre Ratschläge sind es wert, beachtet zu werden.

Der zweite Abschnitt der Erziehung sollte helfen, eine meditative Haltung, Bewußtheit, Selbstbeobachtung, Mitgefühl, Liebe und Kreativität zu lernen. Mit Sicherheit wird es dann keinen Generationenkonflikt mehr geben. Die jungen Leute werden die alten nicht nur aus Höflichkeit respektieren, sondern weil die alten Leute tatsächlich ihre Achtung verdienen. Sie wissen Dinge, die über den Verstand hinausgehen, und die jungen Leute kennen alles nur durch den Verstand.

Die jungen Leute schlagen sich noch mit dem Kleinkram dieser Welt herum. Die alten Leute haben die Wolken hinter sich gelassen, haben schon fast die Sterne erreicht. Sie zu respektieren, ist keine Frage von Höflichkeit. Sie zu respektieren, ist eine innere Notwendigkeit, die direkt aus dem eigenen Herzen kommt – keine Formalität, die man von andern gelernt hat.

Alte Leute sollten sich wie erleuchtete Menschen benehmen – nicht nur so benehmen, sondern auch erleuchtet sein. Sie sollten zum Licht werden für jene, die noch jung sind und den biologisch bedingten Neigungen, den natürlichen Zwängen unterworfen sind. Sie haben das alles hinter sich; sie können zu Leitsternen werden.

Wenn man erst einmal unterscheidet zwischen einer Erziehung für den Tod und einer Erziehung fürs Leben, und jeder zweimal auf die Universität geht – erst um zu lernen, wie man mit den Alltäglichkeiten des Lebens fertig wird, und das zweitemal, um das Ewige kennenzulernen – dann wird sich die Kluft schließen. Sie wird sich auf eine wunderbare Weise auflösen.[14]

EINE SUFI-GESCHICHTE

Eine Frau war einmal sehr beeindruckt von einem Sufi-Mystiker... Sie hatte einen einzigen Sohn, um den sie sich große Sorgen machte. Sie lebte nur für ihn; sein Vater war gestorben. Dieser Junge war ihr ganzes Leben, und sie wollte, daß etwas aus ihm würde.

Der Junge aß schrecklich gern Süßigkeiten und lauter billiges Zeug. Sie hatte schon alles versucht; jeder hatte es versucht: die Lehrer, die Priester, alle. Aber der Junge hatte völlig taube Ohren für ihre Ratschläge. Er aß weiterhin seine Süßigkeiten.

Er war ihr einziger Sohn, also gab die Frau schließlich nach und gab ihm, was er wollte. Denn lieber hungerte er, als etwas zu essen, was er nicht essen wollte. Er aß nur, was er wollte. Und das waren nur Dinge, die ungesund waren, die nicht nahrhaft waren und die ihm später im Leben zum Problem werden würden.

Nun war aber dieser Sufi-Mystiker ins Dorf gekommen, und die Frau dachte: „Das ist eine gute Gelegenheit. Dieser Mann hat eine so starke Ausstrahlung... Vielleicht kann er an der dummen Einstellung des Jungen etwas ändern." Sie brachte den Jungen zu ihm – wie sie ihn schon zu jedem gebracht hatte, von dem man sich Hilfe versprechen konnte. Es war schon fast zu einer Routine geworden. Der Junge ging sehr ungern und widerstrebend mit; so als stünde seine Selbstachtung auf dem Spiel.

Als die Frau dem Sufi-Meister die Situation schilderte, antwortete dieser: „Du mußt mir verzeihen. Im Augenblick kann ich diesem prächtigen Jungen überhaupt nichts sagen. Ich bin alt, ich bin siebzig Jahre alt. Ich brauche mindestens zwei Wochen, bis ich ihm eine Antwort geben kann."

Die Frau wollte ihm nicht glauben – jeder, jeder Dummkopf war bereit, Ratschläge zu geben. Und ein großer Mystiker, der so viele Anhänger hatte, sagt zu dem Jungen: „Du mußt mir verzeihen. Nun hast du den Weg hierher gemacht, und ich kann dir nicht gleich einen Rat geben. Du mußt mir wenigstens zwei Wochen Zeit lassen."

Da gab der Junge zum ersten Mal seinen Widerwillen, seinen Widerstand auf. Zum ersten Mal wurde er respektiert, wurde er als ein Mensch mit Würde akzeptiert, wurde er nicht von vornherein verurteilt! Und dem alten Mann ging es wirklich um *ihn*. Er wollte ihm einen wichtigen Rat geben, darum brauchte er wenigstens zwei Wochen Zeit.

Die Mutter war völlig schockiert. Sie konnte nicht glauben, daß dieser große Mystiker einem kleinen Jungen nicht mal in einer so alltäglichen Angelegenheit sofort einen Rat geben konnte. Aber da war nichts zu machen. Sie mußten zwei Wochen warten.

Nach zwei Wochen kam sie wieder. Diesmal ging der Junge freudig mit. Ja, er konnte es kaum erwarten, und er zählte die Tage, denn er wollte den Mystiker wiedersehen: „Er ist ganz anders als all die anderen Leute, zu denen du mich bisher gebracht hast."

Die Frau war überrascht, denn der Junge war sonst doch so unwillig, so widerstrebend gewesen, war gegen seinen Willen mitgegangen; mußte gezwungen werden. Und dieses Mal ist er so gespannt – die zwei Wochen kommen ihm wie zwei Jahre vor!

Schließlich war der Tag da. In aller Frühe nahm der Junge ein Bad, zog sich an und war bereit. Die Mutter sagte: „Warum diese Eile?"

Er sagte: „Ich will unbedingt zu dem Mystiker hin. Er ist der einzige Mann, bei dem ich gespürt habe, daß er andere respektiert."

Gewöhnlich ist es eine Erniedrigung, andern einen Rat zu erteilen.

Damit sagt man: „Ich weiß Bescheid, und du weißt nicht Bescheid. Ich bin der Führer, und du bist der Geführte. Ich bin der Lehrer, du bist der Belehrte." Damit genießt man eine Art Egoismus auf Kosten der Würde des andern.

Sie gingen hin. Und die Frau sagte zu dem Mystiker: „Ehe wir über den Jungen reden, möchte ich gerne wissen, warum du zwei Wochen gebraucht hast. Ist das denn so ein großes philosophisches Problem?"

Der Mystiker sagte: „Wenn es ein philosophisches Problem wäre, hätte ich dir sofort antworten können; es ist ein existentielles Problem. Ich bin siebzig Jahre alt, und er ist gerade sieben Jahre alt. Ich habe zehnmal länger gelebt als der Junge – und immer noch esse ich gerne Süßigkeiten. Solange ich selber Süßigkeiten esse, kann ich dazu nichts sagen. Diese zwei Wochen lang habe ich versucht, keine Süßigkeiten zu essen und zu sehen, was passiert. Mein Rat beruht auf eigener

Erfahrung, nicht nur auf der allgemeinen Meinung, daß Süßigkeiten schädlich sind. Vielleicht sind sie schädlich, aber wenn ich mit meinen siebzig Jahren nicht auf sie verzichten kann, wie kann man dann von einem kleinen Jungen erwarten, daß er darauf verzichtet? So einen Rat kann ich nicht geben."

Der Junge war ungeheuer beeindruckt: Ein Mann von seinem Alter macht sich zwei Wochen lang die Mühe...

Und er sagt zu dem Jungen: „Mein Sohn, es ist sehr schwer. Es ist mir zwar gelungen, die Süßigkeiten aufzugeben, und ich bin jetzt für den Rest meines Lebens damit fertig. Aber ich bin ziemlich unsicher, was ich *dir* raten soll.

Du bist so jung! Wenn du Süßigkeiten liebst, wird es dir schwerfallen, sie aufzugeben. Und das von dir zu verlangen, wäre schon fast brutal und ein Eingriff in deine persönlichen Rechte. Ich kann also nur sagen: es ist gut und gesund, aber es ist sehr schwer. Es ist eine Herausforderung.

Ich bin für den Rest meines Lebens damit fertig, und das gibt mir die Autorität zu sagen, daß auch du damit fertigwerden kannst. Aber es wird sicher schwer werden. Bist du zu einer solchen Herausforderung, zu einem solchen Abenteuer bereit?"

Der Junge antwortete: „Ich höre jetzt sofort damit auf und zwar für den Rest meines Lebens. Wenn du das kannst, warum soll ich es nicht können? Du bist so alt; ich bin so jung. Du wirst schwächer, und ich werde stärker.

Ich bin der Herausforderung gewachsen. Mach dir keine Sorgen."

Die Mutter konnte es nicht fassen: Ein Wunder ist geschehen! Der Junge beruhigt den Alten und sagt: „Ich werde es schaffen."

Der alte Mann sagte: „Ich meine, du solltest auch erstmal zwei Wochen überlegen, versuchen..."

Der Junge erwiderte: „Nein, ich höre jetzt sofort damit auf, hier in deiner Gegenwart, und mit deinem Segen."[15]

MEDITATION – EIN GESCHENK DER NATUR

Ist Meditation nicht etwas für Mystiker? Warum empfiehlst du sie auch normalen Menschen und ihren Kindern?

Sie ist etwas für Mystiker, das stimmt. Aber jeder ist ein geborener Mystiker, denn jeder trägt ein großes Mysterium in sich, das es zu erkennen gilt. Jeder besitzt ein großes Potential, das es in die Realität umzusetzen gilt. Jeder wird mit einer Zukunft geboren. Jeder hat Hoffnung. Was verstehst du unter einem Mystiker? Ein Mystiker ist jemand, der versucht, das Mysterium des Lebens zu verwirklichen, der sich ins Unbekannte, ins Unerforschte begibt, und dessen Leben ein Leben des Abenteuers und der Entdeckung ist.

Und genauso fängt jedes Kind an: mit Ehrfurcht, mit Staunen, mit einem großen Suchen im Herzen.

Jedes Kind ist ein Mystiker.

Irgendwann auf dem Weg eures sogenannten Erwachsenwerdens verliert ihr den Kontakt zu eurer inneren

Fähigkeit, ein Mystiker zu sein, und ihr werdet Geschäftsmann oder Angestellter oder Beamter oder Minister. Ihr werdet etwas anderes und meint, daß ihr das seid. Und wenn ihr das glaubt, dann ist es auch so.

Ich bemühe mich hier, eure falschen Vorstellungen über euch selbst zu zerstören und euren Mystiker wieder zu befreien. Meditation ist ein Mittel, die Mystik freizusetzen, und sie ist für jeden da – ohne Ausnahme; Meditation kennt keine Ausnahme.

„Ist Meditation nicht etwas für Mystiker? Warum empfiehlst du sie auch normalen Menschen und ihren Kindern?"

Kinder sind am ehesten dazu fähig. Sie sind Mystiker von Natur aus. Und man sollte ihnen besser helfen, einen Geschmack von Meditation zu bekommen, bevor sie von der Gesellschaft kaputtgemacht werden, bevor sie von anderen Robotern, von anderen verdorbenen Menschen kaputtgemacht werden.

Meditation ist keine Konditionierung, weil sie keine Indoktrinierung ist. Meditation zwingt den Kindern keinen Glauben auf. Wenn ihr einem Kind beibringt, ein Christ zu werden, müßt ihr ihm eine Doktrin vermitteln; ihr müßt es zwingen, an Dinge zu glauben, die für natürliche Ohren absurd klingen. Ihr müßt dem Kind erzählen, daß Jesus von einer Jungfrau geboren wurde – daraus wird ein Glaubenssatz. Auf diese Weise zerstört ihr die natürliche Intelligenz des Kindes.

Aber wenn ihr einem Kind Meditation beibringt, indoktriniert ihr es nicht. Ihr sagt ihm nicht, daß es an irgend etwas zu glauben hat. Ihr ladet es einfach zu einem Experiment im Nicht-Denken ein. Frei zu sein von Gedanken, ist keine Doktrin, sondern eine Erfahrung. Und Kinder sind sehr, sehr fähig dazu, weil sie sehr nahe am Ursprung sind. Sie erinnern sich noch ein wenig an jenes Mysterium. Sie sind gerade erst aus der anderen Welt gekommen; sie haben es noch nicht völlig vergessen. Früher oder später werden sie es vergessen, aber noch ist dieser Duft um sie herum. Aus diesem Grund sehen alle Kinder so schön und anmutig aus. Habt ihr jemals ein häßliches Kind gesehen?

Was wird später aus all diesen schönen Kindern? Wohin verschwinden sie? Später im Leben findet man nur sehr selten schöne Menschen. Was also wird aus all diesen schönen Kindern? Warum verwandeln sie sich in häßliche Menschen? Welcher Unfall, welches Unglück passiert auf dem Weg?

Sie verlieren ihre Anmut an dem Tag, an dem sie ihre Intelligenz einbüßen. Sie verlieren ihren natürlichen Rhythmus und ihre natürliche Eleganz und eignen sich stattdessen unechte Verhaltensweisen an. Sie können nicht mehr spontan lachen, spontan weinen, spontan tanzen. Ihr habt sie in einen Käfig, in eine Zwangsjacke gezwängt. Ihr habt sie eingesperrt.

Die Ketten sind sehr subtil. Sie sind kaum sichtbar. Die Ketten bestehen aus Gedanken – christlichen, hinduistischen, mohammedanischen. Ihr habt das Kind in Ketten gelegt, und es kann die Ketten nicht sehen und kann deshalb auch nicht sehen, wie es angekettet ist. Sein ganzes Leben lang wird es darunter leiden. Es ist solch ein Gefängnis! Es ist nicht, als ob man einen Menschen ins Gefängnis wirft. Man baut ein Gefängnis um ihn herum, so daß es ihn immer begleitet, wohin er auch geht. Er kann in den Himalaja gehen und sich in eine Höhle setzen, trotzdem wird er Hindu oder Christ bleiben – seine Gedanken werden ihn umgeben.

Meditation ist ein Weg, der dich in dein Inneres führt, hinunter in jene Tiefe, wo es keine Gedanken mehr gibt; also ist es keine Indoktrination. Es wird dir nichts beigebracht. Im Gegenteil – du wirst durch Meditation auf die Fähigkeit aufmerksam gemacht, ohne Gedanken, ohne das Denken zu sein. Und die beste Zeit dafür ist die, wenn das Kind noch nicht korrumpiert ist.[16]

BEWUSSTE UNSCHULD: WIEDERGEWONNENES PARADIES

Warum wird Kindlichkeit mit Meditation verglichen?

Erst wenn ein Mensch wiedergeboren wird, versteht er die Schönheit und Großartigkeit der Kindheit. Ein Kind weiß nichts; darum kann es auch die unglaubliche Unschuld, von der es umgeben ist, nicht verstehen. Wenn das Kind sich erst einmal der eigenen Unschuld bewußt wird, gibt es keinen Unterschied mehr zwischen dem Kind und dem Weisen. Der Weise steht nicht höher, das Kind nicht niedriger. Der einzige Unterschied ist, daß das Kind nicht weiß, wer es ist, und der Weise weiß es.

Das erinnert mich an Sokrates. In den letzten Augenblicken seines Lebens sagte er zu seinen Schülern: „Als ich jung war, dachte ich immer, ich wüßte viel. Als ich älter und erfahrener wurde, geschah etwas Seltsames: Ich sah, daß ich immer weniger wußte, je mehr Wissen ich ansammelte."

Und als das Orakel von Delphi Sokrates schließlich zum weisesten Mann der Welt erklärte... Die Leute von

Athen waren sehr glücklich darüber und sie gingen zu ihm. Aber Sokrates sagte: „Geht zum Orakel zurück und sagt ihm, daß es sich zumindest dieses eine Mal in seiner Prophezeiung geirrt hat. Sokrates weiß nichts."

Die Leute waren schockiert. Sie gingen wieder zum Orakel, aber das Orakel lachte und antwortete: „Genau aus diesem Grund habe ich ihn zum weisesten Mann der Welt erklärt! Nur unwissende Leute glauben, sie wüßten etwas."

Je einsichtiger du wirst, um so unschuldiger wirst du.

Sokrates unterschied zwei Arten von Menschen: die unwissenden Weisen und die wissenden Dummen. Die Welt wird von der zweiten Kategorie beherrscht. Das sind eure Priester und Professoren, das sind eure Führer, das sind eure Heiligen, das sind eure Messiasgestalten, eure Heilande und Propheten – sie alle behaupten zu wissen. Aber gerade ihr Anspruch zerstört die tiefe Einfachheit und Unschuld, die dem Kindsein zu eigen ist.

Bodhidharma blieb vierzehn Jahre lang in China. Er war von seinem Meister ausgesandt worden, um die Botschaft der Meditation zu verbreiten. Nach vierzehn Jahren wollte er wieder in den Himalaja zurückkehren. Er hatte lange genug gelebt und wollte jetzt im ewigen Schnee verschwinden. Er hatte Tausende von Schülern, er war einer der außergewöhnlichsten Menschen, die je auf der Erde gelebt haben. Aber er rief nur vier Schüler zu sich und sagte: „Ich will nur eine Frage stellen, ‚Was ist die Essenz meiner Lehre?' Wer mir die richtige Antwort gibt, wird mein Nachfolger."

Es entstand eine große Stille, eine erwartungsvolle Spannung. Alle sahen auf den ersten Schüler, den gebildetsten, den gelehrtesten.

Der erste Schüler sagte: „Über den Verstand hinauszugehen – darauf läuft deine ganze Lehre hinaus."

Bodhidharma antwortete: „Du hast meine Haut, aber nicht mehr."

Er wandte sich an den zweiten Schüler, und der sagte: „Es ist niemand da, der über den Verstand hinausgehen könnte. Da ist nur Stille. Es gibt keinen Unterschied zwischen dem, was es zu transzendieren gilt, und dem, der es transzendiert. Das ist die Essenz deiner Lehre."

Bodhidharma antwortete: „Du hast meine Knochen."

Und er wandte sich an den dritten Schüler, der sagte: „Die Essenz deiner Lehre kann nicht in Worte gefaßt werden."

Bodhidharma lachte und antwortete: „Aber du hast sie in Worte gefaßt. Du hast etwas darüber gesagt. Du hast mein Mark."

Und er wandte sich zum vierten Schüler, der nur Tränen und tiefes Schweigen hatte und keine Antwort. Er fiel Bodhidharma zu Füßen... und er wurde sein Nachfolger, obwohl er nichts geantwortet hatte.

Aber er *hatte* geantwortet, ohne zu antworten, ohne Worte zu gebrauchen, ohne Sprache zu gebrauchen. Seine Tränen zeigten viel mehr, als jede Sprache enthalten kann. Und sein Dank, seine überfließende Verehrung und Dankbarkeit seinem Meister gegenüber... wie kann man mehr sagen?

Die große Versammlung der Schüler war tief enttäuscht, denn dies war ein Mann, auf den niemand viel geachtet hatte. Die großartigen Gelehrten werden abgelehnt; die Vielwisser werden nicht angenommen und ein ganz gewöhnlicher Mann...?

Aber diese Art von Gewöhnlichkeit ist das einzig Außergewöhnliche auf dieser Welt... dieses kindliche Staunen, dieses kindliche Erleben des Mysteriums um uns herum.

Denk daran: In dem Augenblick, wo du anfängst,

etwas zu wissen, bist du kein Kind mehr, sondern gehörst nun der Erwachsenenwelt an. Die Gesellschaft hat deinen Zivilisationsprozeß in Gang gesetzt; sie hat dich von deiner wahren Natur abgelenkt.

Wenn das Kind ganz vom Mysterium umgeben ist – alles ist nur ein Geheimnis ohne Antwort, ohne Frage – dann ist es genau an dem Punkt, den schließlich der Weise erreicht. Deshalb wird Kindlichkeit immer wieder mit Meditation verglichen. Meditation wäre nicht nötig gewesen, wenn die Menschen ihre ursprüngliche Kindlichkeit bewahrt hätten.

Kennt ihr die Wurzel des Wortes „Meditation"? Es hat denselben Ursprung wie „Medizin". Es ist eine Medizin. Aber man braucht Medizin nur dann, wenn man krank ist. Meditation ist nötig, wenn man spirituell krank ist. Kindlichkeit ist deine spirituelle Gesundheit, deine spirituelle Heilheit; du brauchst keine Meditation.

Klein August wünscht sich ein Fahrrad, aber als er seine Mutter darum bittet, sagt sie ihm, daß er nur eins bekommt, wenn er brav ist. Das verspricht er; aber nachdem er es eine Woche lang versucht hat, kommt es ihm unmöglich vor. Seine Mutter schlägt vor: „Vielleicht fällt es dir leichter, wenn du einen Brief an Jesus schreibst."

Klein August rennt nach oben, setzt sich aufs Bett und schreibt: „Lieber Jesus, wenn du mir ein Fahrrad gibst, verspreche ich, für den Rest meines Lebens brav zu sein." Als ihm klar wird, daß er das nie schaffen wird, fängt er nochmal an: „Lieber Jesus, wenn du mir ein Fahrrad gibst, verspreche ich, einen Monat lang brav zu sein." Als er einsieht, daß er auch dies nicht schaffen wird, hat er plötzlich eine Idee.

Er läuft ins Zimmer seiner Mutter, nimmt die kleine Statue der Jungfrau Maria, packt sie in einen Schuhkarton und versteckt sie unterm Bett. Dann fängt er zu schreiben an: „Lieber Jesus, wenn du deine Mutter jemals wiedersehen willst..."

Aus absolut irrationalen Gründen hat man den Menschen in eine übertriebene Ernsthaftigkeit hineingezogen. Alle Religionen haben ihre Rolle bei der Vergiftung des Menschen gespielt. Leute, die auf Macht aus sind, gleich welcher Art, zerstören unweigerlich das Lachen des Menschen, seine unschuldigen, staunenden Augen, seine Kindlichkeit. Das Kichern eines Kindes scheint für solche Leute bedrohlicher zu sein als Atombomben. Und sie haben tatsächlich recht: Wenn die ganze Welt ein wenig mehr zu lachen anfängt, wird es weniger Kriege geben. Wenn die Leute anfangen, ihre Unschuld zu lieben, ohne sich um Wissen zu kümmern, dann wird das Leben eine Schönheit und einen Segen bekommen, die wir schon völlig vergessen haben.[17]

DIE MYSTIC ROSE MEDITATION FÜR KINDER

Das ganze Leben ist nur noch funktional: Entweder bist du ein Steuerbeamter oder du bist ein Polizeibeamter oder ein Pfarrer oder ein Lehrer... nur eine Funktion, die jeder Roboter verrichten kann.

Das einzige, was der Roboter nicht machen kann, ist Meditation. Mit anderen Worten will ich sagen, daß alle, die nicht in Meditation sind, sich zu Robotern machen. Sie merken nicht, daß sie nur Werkzeuge sind, Funktionäre – man braucht sie.

Aber ein Mensch der Meditation erkennt zum erstenmal, daß es gleichgültig ist, ob er gebraucht wird oder nicht. Er hat an sich selbst Freude genug. Er ist selbst Seligkeit, er ist nicht darauf angewiesen, daß andere ihn selig machen.

Das ist die einzig mögliche Freiheit auf der Welt. Ansonsten ist jeder ein Sklave.

Ich möchte, daß meine Leute dies absolut begreifen: Solange ihr nicht aus euch heraus selig werdet, solange sich eure Rose nicht in eurem eigenen Dasein öffnet, seid ihr nur eine Ware, eine Sache, ein Gegenstand.

Meditation offenbart eure Subjektivität. Subjektivität ist euer eigenes Bewußtsein, und erst euer Bewußtsein – und die Erfahrung davon – macht euer Leben bedeutsam, sinnvoll, ewig, unsterblich, ohne Anfang und ohne Ende... ein Fest, ein Tanz von Augenblick zu Augenblick.

Und bevor du dein Leben nicht in einen Tanz von Augenblick zu Augenblick verwandelt hast, hast du die Gelegenheit nicht wahrgenommen, die das Dasein dir gibt.

Osho Rajneesh schlägt folgende Meditation vor, die Kinder und Lehrer gemeinsam zu Anfang des Schultages machen können:

Phase 1

Zehn Minuten „Gibberisch", sinnloses Gebrabbel.

Schließt die Augen und macht ganz nach Laune die unmöglichsten Geräusche: singt, schreit, kreischt! Laßt den Körper machen, was er will: springen, schütteln, rumlaufen, stillsitzen. Alles ist erlaubt, werdet total verrückt!

Das Wort Gibberisch kommt von einem Sufi-Mystiker namens Jabbar. Jabbar sprach nie eine Sprache, sondern machte immer nur Unsinnsgeräusche. Trotzdem hatte er Tausende von Anhängern, denn damit wollte er nur zum Ausdruck bringen: Euer Verstand ist nichts als sinnloses Gebrabbel. Beachtet ihn nicht, und ihr werdet einen Geschmack von eurem eigenen Sein bekommen.

Wenn ihr Gibberisch sprecht, dürft ihr nichts sagen, was Sinn macht, dürft ihr keine Sprache reden, die ihr kennt. Redet Chinesisch, wenn ihr kein Chinesisch könnt. Redet Japanisch, wenn ihr kein Japanisch könnt. Redet kein Deutsch, wenn ihr Deutsch könnt. Zum ersten Mal habt ihr eine Freiheit... die gleiche, wie sie alle Vögel haben. Laßt kommen, was euch in den Sinn kommt, ohne euch darum zu kümmern, ob es rational und vernünftig ist, ob es Sinn und Bedeutung hat – einfach so, wie es die Vögel machen.

Phase 2

Zehn Minuten Lachen aus dem Bauch, mit offenen oder geschlossenen Augen.

Lacht einfach ohne jeden Grund. Und immer wenn euer Lachen nachläßt, sagt ihr „Yahoo", und es kommt wieder.

Grabt nach, und ihr werdet überrascht feststellen, wie viele Staubschichten sich auf euer Sein gelegt haben. Dies tiefe Lachen schneidet euch auf wie ein Schwert, mit einem einzigen Schlag... Ihr könnt euch nicht vorstellen, wieviel Transformation in euer Dasein kommen kann.

Authentisches Lachen hat keine bestimmte Ursache. Es steigt einfach so in dir auf, wie sich eine Blüte an einem Baum öffnet. Es hat keinen Grund. Keine rationale Erklärung. Es ist geheimnisvoll. Daher das Symbol der mystischen Rose.[18]

Phase 3

Zehn Minuten Stille mit geschlossenen Augen, im Sitzen oder Liegen.

Beobachte aufmerksam den Körper, die Umgebung, die Gedanken, ohne jedes Urteil.

Sei still, keine Bewegung... Geh nach innen. Schließe die Augen – das bist du. Kein Portrait davon ist möglich. Es ist reines Schweigen, ein Raum ohne Grenzen. Das ist alles, was du mit auf die Welt gebracht hast, und das ist alles, was du wieder mitnimmst, wenn du stirbst. In der Geburt, im Leben, im Tod ist dies das einzige, was immer gleich bleibt. Die unveränderliche, letzte Wahrheit.

Um sie zu erfahren, geh tiefer und tiefer. Laß deine Angst los, denn es ist dein eigenes Sein, dein eigenes unbekanntes Territorium, was du jetzt erforschst. Wovor solltest du Angst haben? Niemand anders als du kann dort eintreten, es ist absolut privat. Breite also ohne Angst deine Flügel aus. Der ganze Himmel ist dein.[19]

BIOGRAPHIE

Osho Rajneesh wurde am 11. Dezember 1931 in Kuchwada im zentralindischen Bundesstaat Madhya Pradesh geboren. Seit frühester Kindheit bewies er einen rebellischen, unabhängigen Geist. Er stellte alle etablierten Religionen, alle gesellschaftlichen und politischen Traditionen in Frage. Er beharrte darauf, die Wahrheit selbst zu erfahren, anstatt das Wissen und den Glauben anderer zu übernehmen.

Im Alter von 21 Jahren, am 21. März 1953, wurde Osho Rajneesh erleuchtet. Er sagt von sich: „Ich suche nicht mehr, ich strebe nach nichts mehr. Die Existenz hat mir all ihre Tore geöffnet. Ich kann nicht einmal sagen, daß ich zur Existenz gehöre, denn ich bin ein Teil von ihr... Wenn eine Blume blüht, blühe ich mit ihr. Wenn die Sonne aufgeht, gehe ich mit ihr auf. Das Ego in mir, das die Menschen voneinander trennt, existiert nicht mehr. Mein Körper ist ein Teil der Natur, mein Sein ist ein Teil des Ganzen. Ich bin kein getrenntes Wesen mehr."

Er schloß sein Philosophiestudium an der Universität von Sagar mit den höchsten Auszeichnungen ab. Während seiner Studienzeit gewann er den indischen Diskussionswettbewerb und erhielt die Goldmedaille seiner Universität. Nach einer neunjährigen Universitätskarriere als Professor für Philosophie an der Universität von Jabalpur bereiste Osho Rajneesh ganz Indien als Redner, der die orthodoxen Religionsführer in öffentlichen Debatten herausforderte, indem er alle traditionellen Glaubenssysteme über den Haufen warf und den Status quo in Frage stellte.

Im Verlauf seiner Arbeit hat Osho Rajneesh praktisch über jeden Aspekt in der Entwicklung des menschlichen Bewußtseins gesprochen. Von Sigmund Freud bis

Tschuangtse, von George Gurdjieff bis Gautam Buddha, von Jesus Christus bis Rabindranath Tagore... Aus ihnen hat er alles Wesentliche herausgefiltert, was für die spirituelle Suche des heutigen Menschen von Bedeutung ist – nicht aufgrund seines intellektuellen Verstehens sondern seiner eigenen existentiellen Erfahrung.

Er gehört keiner Tradition an. Er sagt von sich: „Ich bin der Anfang eines völlig neuen religiösen Bewußtseins. Bringt mich bitte nicht mit der Vergangenheit in Verbindung – sie ist nicht erwähnenswert."

Seine Vorträge vor Schülern und Suchern aus der ganzen Welt sind in Form von über fünfhundert Büchern veröffentlicht worden und in mehr als dreißig Sprachen übersetzt worden. Er sagt: „Meine Botschaft ist keine Doktrin, keine Philosophie. Meine Botschaft ist eine gewisse Alchemie, eine Wissenschaft der Transformation. Darum werden nur diejenigen zuhören, die bereit sind, so wie sie jetzt sind, zu sterben und als etwas so völlig Neues wiedergeboren zu werden, daß sie es sich absolut nicht vorstellen können. Nur diese wenigen mutigen Menschen werden bereit sein, mir zuzuhören, denn schon das Zuhören allein ist gefährlich. Wer zuhört, macht schon die ersten Schritte auf seine Neugeburt hin. Es ist also keine Philosophie, die man sich einfach überstülpt und mit der man dann angibt. Es ist keine Doktrin, die dich über quälende Fragen hinwegtröstet. Nein, meine Botschaft hat nichts mit Worten zu tun. Sie ist viel gefährlicher. Sie ist nichts anderes als Tod und Wiedergeburt."

Osho Rajneesh lebt zur Zeit in Rajneeshdham in Poona, Indien, wo sich tausende von Suchern und Schülern aus der ganzen Welt einfinden, um an den Meditationen und den anderen Programmen, die dort angeboten werden, teilzunehmen.

BÜCHER VON OSHO RAJNEESH IN DEUTSCHER SPRACHE

Das Klatschen der einen Hand (*Edition Gyandip*)
Das Orangene Buch (*Rajneesh Verlag)*
Das Ultimatum: Der neue Mensch
oder globaler Selbstmord (*Rajneesh Verlag*)
Der Höhepunkt des Lebens (*Rajneesh Verlag)*
Der neue Mensch (Sannyas 21, *Sannyas Verlag)*
Die Alchemie der Verwandlung (*Edition Lotos)*
Die Gans ist raus (*Rajneesh Verlag)*
Die größte Herausforderung:
Die goldene Zukunft (*Rajneesh Verlag)*
Die Schuhe auf dem Kopf (*Edition Lotos)*
Die verborgene Harmonie – Vorträge über die
Fragmente des Heraklit (*Rajneesh Verlag)*
Die verbotene Wahrheit (*Rajneesh Verlag)*
Die Zukunft gehört den Frauen – Neue Dimensionen
der Frauenbefreiung (*Rajneesh Verlag)*
Ekstase, die vergessene Sprache (*Herzschlag)*
Gold Nuggets – Neue Texte
zur Kunst des Seins (*Edition Tao)*
Homosexualität und Frauenbewegung
(Sannyas 15, *Sannyas Verlag)*
Jenseits der Grenzen des Verstandes *(Rajneesh Verlag)*
Jesus aber schwieg (*Sannyas Verlag)*
Jesus – der Menschensohn (*Sannyas Verlag)*
Kein Wasser – kein Mond (*Herzschlag Verlag)*
Kinder, Kinder! (Sannyas 18, *Sannyas Verlag)*
Kunst kommt nicht von Können (*Rajneesh Verlag)*
Leben, Lieben, Lachen (*Rajneesh Verlag)*
Liebe beginnt nach den Flitterwochen (*Rajneesh Verlag)*
Mein Weg, der Weg der weißen Wolke (*Edition Tao)*

Mit Wurzeln und Flügeln (*Edition Lotos)*
Nicht bevor du stirbst (*Edition Gyandip)*
Nirvana, die letzte Hürde auf dem Weg (*Rajneesh Verlag)*
Perversion – was ist denn das?
(Sannyas 13, *Sannyas Verlag)*
Priester & Politiker – Die Mafia der Seele
(*Rajneesh Verlag)*
Sexualituät & Aids (*Rajneesh Verlag)*
Tantra, die höchste Einsicht (*Sannyas Verlag)*
Tantra, Spiritualität und Sex (*Rajneesh Verlag)*
Über die Grundrechte des Menschen (*Rajneesh Verlag)*
Und vor allem nicht wackeln
(*Fachbuchhandlung für Psychologie)*
Vom Sex zum kosmischen Bewußtsein (*New Age)*
Worte eines Mannes ohne Worte (*Rajneesh Verlag)*
Yoga: Alpha und Omega, Bd.1 (*Edition Gyandip)*

QUELLENVERZEICHNIS

1. Om Mani Padme Hum
2. Zen, Zest, Zap and Zing
3. Walk Without Feet, Fly Without Wings and Think Without Mind
4. The Rajneesh Bible
5. From Darkness to Light
6. From Darkness to Light
7. From Darkness to Light
8. Socrates Poisoned Again After 25 Centuries
9. Beyond Psychology
10. Sufis: The People of the Path
11. The Great Pilgrimage: From Here to Here
12. The Golden Future
13. The Invitation
14. The Great Pilgrimage: From Here to Here
15. The Invitation
16. Sufis: The People of the Path
17. Om Mani Padme Hum
18. YAHOO! The Mystic Rose
19. ZEN: The Solitary Bird, Cuckoo of the Forest

Informationen über die Werke von Osho Rajneesh, sowie über Audio- und Videokassetten seiner Vorträge sind in den nachfolgenden Vertriebs- oder Meditationszentren erhältlich:

DEUTSCHLAND

Rajneesh Verlag GmbH
Venloer Straße 5-7, 5000 Köln 1
Tel. (0221) 5740743

Uta Osho Rajneesh Institut
Venloer Straße 5-7, 5000 Köln 1
Tel. (0221) 5740730

Tao Osho Rajneesh Zentrum
Klenzestraße 41, 8000 München 5
Tel. (089) 2016657

Dharmadeep Osho Rajneesh Institut
Karolinenstraße 7-9, 2000 Hamburg 6
Tel. (040) 432140

Dörfchen Osho Rajneesh
Dahlmannstraße 9, 1000 Berlin 12
Tel. (030) 32000725

SCHWEIZ

Mingus AG
Asylstraße 11, 8032 Zürich
Tel. (01) 2522012

Weitere Informationen über Osho Rajneesh:
Rajneeshdham Neo-Sannyas Commune
17 Koregaon Park
Poona 411 001, MS
India